Texte, Themen und Strukturen

Friedrich Dürrenmatt

Der Besuch der alten Dame

Kopiervorlagen

Herausgegeben von
Bernd Schurf
und Andrea Wagener

Erarbeitet von
Matthias Wasel

Impressum

Redaktion: Daniela Rauthe, Zürich
            Thorsten Feldbusch

Bildrecherche: Gabi Sprickerhof
Umschlaggestaltung: Rosendahl Grafikdesign, Berlin, unter Verwendung eines Fotos aus der Inszenierung des
Deutschen Theaters Berlin 1999, Regie: Thomas Langhoff; Foto: Iko Freese/Drama, Berlin
Layout und technische Umsetzung: sign, Berlin

www.cornelsen.de

Die Internetadressen und -dateien, die in diesem Lehrwerk angegeben sind, wurden vor Drucklegung geprüft.
Der Verlag übernimmt keine Gewähr für die Aktualität und den Inhalt dieser Adressen und Dateien oder solcher,
die mit ihnen verlinkt sind.

Dieses Werk berücksichtigt die Regeln der reformierten Rechtschreibung und Zeichensetzung.
Die Texte von Friedrich Dürrenmatt, die mit ⓡ gekennzeichnet sind, sind aus rechtlichen Gründen nicht
rechtschreibreformiert.

1. Auflage, 1. Druck 2009

Druck: H. Heenemann, Berlin

ISBN 978-3-06-060054-0

 Inhalt gedruckt auf säurefreiem Papier aus nachhaltiger Forstwirtschaft.

Vorwort

Über das Drama

Friedrich Dürrenmatt verfasste sein Theaterstück „Der Besuch der alten Dame" * im Jahr 1955 und wurde damit weltweit erfolgreich: Unter anderem wurde es in Paris (1957), am Broadway in New York (1958) und in Mailand (1960) auf die Bühne gebracht. Das noch immer aktuelle Stück wurde mehrfach verfilmt, zuletzt 2008 von Nikolaus Leytner mit Christiane Hörbiger als alte Dame. Dürrenmatts hier dargestelltes Experiment, das die Verführbarkeit des Menschen zeigt, hat nichts von seiner Anziehungskraft verloren. Davon zeugen auch jüngere Inszenierungen wie jene von Volker Lösch am Düsseldorfer Schauspielhaus (2007), die in den Kopiervorlagen vorgestellt wird. Dürrenmatt lotet in seinem Stück die Grenzen des Menschen aus: Sein Klassiker ist eine Polemik, die der Frage nach dem Preis für die Sicherung des Wohlstands nachgeht. Moralische Vorstellungen werden umgedeutet für den eigenen Profit; die subversive Macht des Geldes, Gerechtigkeit, Schuld, Rache und ein ganz eigenes Verständnis von Liebe werden thematisiert. Mit seinem Stück lehnt sich Dürrenmatt an die Tradition des griechischen Dramas an, um sich deutlich davon zu distanzieren, wie Verweise auf die griechische Mythologie (Medea) und die Übernahme von strukturellen Elementen wie dem Chorlied zeigen. Die vorliegenden Arbeitsblätter ermöglichen den Schülerinnen und Schülern die Auseinandersetzung mit den Themen und Figuren des Stückes sowie den dramentheoretischen Zielsetzungen Dürrenmatts. Darüber hinaus liefern sie Materialien zu den zeitgeschichtlichen Bezügen. Der ursprüngliche Untertitel des Stückes „Komödie der Hochkonjunktur" verweist auf das Wirtschaftswunder der 1950er Jahre in der Schweiz und in der Bundesrepublik Deutschland, das den sozialgeschichtlichen Kontext für die kritische Auseinandersetzung mit einer Gesellschaft liefert, die von forcierter ökonomischer Entwicklung und nach außen gerichteter Doppelmoral bestimmt war.

Zur Reihe

Das vorliegende Heft ist Teil einer Reihe mit kopierfähigen Arbeitsblättern zu abiturrelevanten Lektüren und ermöglicht den Schülerinnen und Schülern die selbstständige Beschäftigung mit dem Werk und seinen maßgeblichen Inhalten. Die Schülerinnen und Schüler erwerben dabei zugleich methodische Kompetenzen, um literarische Texte je nach Anforderung der Aufgabe zu analysieren und zu interpretieren.

Die Arbeitsblätter eignen sich für den unmittelbaren Einsatz im Unterricht und sind so konzipiert, dass sie in mehreren Sequenzen eine ausführliche Behandlung der Ganzschrift ermöglichen. Dabei geht das Konzept der Reihe davon aus, dass der jeweilige Text im Unterricht oder zu Hause ganz gelesen wird. Grundlegend für das Konzept ist die thematische Herangehensweise, da so exemplarisch wichtige Aspekte des Werks sowie wesentliche Kompetenzen in der Beschäftigung mit Literatur gebündelt werden. Die Konzeption berücksichtigt unterschiedliche Phasen der Erarbeitung im Unterricht. Die Hefte der Reihe sind einheitlich aufgebaut und bieten Arbeitsblätter zum Einstieg in die Lektüre, zu wichtigen Aspekten der Textanalyse (wie Inhaltssicherung, Figuren, Handlung, thematische Aspekte, Erzählweise, Stil und Sprache) und zur Textrezeption. Mit Hilfe zusätzlicher Sachtexte (z. B. Briefe, Rezensionen, Auslegungen oder Informationen zu historischen Hintergründen) kann das Werk kontextualisiert und näher beleuchtet werden. Über den vorgeschlagenen Weg hinaus kann die Lehrkraft die einzelnen Kopiervorlagen auch individuell zusammenstellen.

Das Heft enthält neben den Arbeitsblättern Vorschläge für Klausuren. Zur Erleichterung der Unterrichtsvorbereitung für die Lehrerinnen und Lehrer werden die Arbeitsblätter knapp didaktisch kommentiert und Lösungsvorschläge angeboten.

Da die Verwendung von Operatoren ein wichtiger Teil der Vorbereitung der Schülerinnen und Schüler auf das Abitur ist, haben die Arbeitsblätter Doppelüberschriften, deren zweiter Teil sich an zentralen Kompetenzen orientiert und Auskunft über die konkreten Operatoren gibt, die durchgeführt werden sollen. In den Aufgabenstellungen finden sich sowohl textanalytische als auch handlungsorientierte und produktiv-gestaltende Verfahren. Zusatzaufgaben, die sich zur Binnendifferenzierung eignen, sind optisch hervorgehoben. Die einzelnen Kopiervorlagen berücksichtigen unterschiedliche Arbeitsformen wie Einzel-, Partner- und Gruppenarbeit sowie verschiedene Verwendungsformen: Sie können begleitend zur Lektüre im Unterricht, zur Nachbereitung des Unterrichts zu Hause oder im Vertretungsunterricht eingesetzt werden.

Die Hefte der Reihe „Texte, Themen und Strukturen – Kopiervorlagen zu Abiturlektüren" sind terminologisch und methodisch auf das Oberstufenwerk „Texte, Themen und Strukturen" abgestimmt.

---

* Die Seitenangaben in dem vorliegenden Heft beziehen sich auf folgende Ausgabe des Dramas: Friedrich Dürrenmatt: Der Besuch der alten Dame. Eine tragische Komödie. Neufassung 1980. © 1998 Diogenes Verlag AG Zürich.

Ankommen und abfahren – Anfang und Schluss gegenüberstellen

1 **a** Die folgenden Zitate sind der Anfangs- und der Schlussszene entnommen. Ordnen Sie sie den beiden Szenen zu, indem Sie in der Tabelle die jeweilige Ziffer des Zitats an passender Stelle eintragen und die Seitenangaben ergänzen.

   b Formulieren Sie in der rechten Spalte der Tabelle stichwortartig den Eindruck, der jeweils von der Stadt Güllen und ihren Bewohnern entsteht.

Wortspeicher

1 *[…] zuletzt tragen die Dienstmänner den Sarg auf einem langen Weg hinaus.*
2 *[…] dazu die Güllener, Frauen und Männer in Abendkleidern und Fräcken […].*
3 Meine Herren, die Milliardärin ist unsere einzige Hoffnung.
4 D-Zug Güllen – Rom, einsteigen bitte!
5 *[…] ein altes Götzenbild aus Stein […], von ihrem Gefolge begleitet […]. Es ziehet / […] Die reich uns beschenkte […] / Die Wohltäterin […] / Mit ihrem edlen Gefolge davon!*
6 Im neuen, grüngekachelten Operationssaal operiert freudig der Arzt […]. Schätze auf Schätze türmt der emsige Industrielle […]. Die Kunst ernährt den Künstler vollauf.
7 Nun halten nicht einmal die Personenzüge.
8 *Die einst graue Welt hat sich in etwas technisch Blitzblankes, in Reichtum verwandelt […].*
9 Sie waren mit ihr befreundet, Ill, da hängt alles von Ihnen ab.
10 *Güllen. Offenbar der Name der kleinen Stadt, die im Hintergrund angedeutet ist, ruiniert, zerfallen.*
11 *[…] alle schäbig gekleidet.*
12 Leben von der Arbeitslosenunterstützung. […] Von der Suppenanstalt.

Die Zitate stammen aus: Friedrich Dürrenmatt: Der Besuch der alten Dame. Eine tragische Komödie.
Neufassung 1980. © 1998 Diogenes Verlag AG Zürich, R

Ankommen – Die Anfangsszene

Der Ort	Zitat 10, S. 13	verarmte, heruntergekommene Kleinstadt; sprechender Name
Die Infrastruktur		
Die Bewohner		
Das Verhältnis der Bewohner zu Claire Zachanassian		

Abfahren – Die Schlussszene

Der Ort		
Die Infrastruktur		
Die Bewohner		
Das Verhältnis der Bewohner zu Claire Zachanassian		

2 Notieren Sie Schlussfolgerungen, die sich auf Grund der Anfangs- und der Schlussszene für Güllen und seine Bewohner/innen ziehen lassen.

„Geflügelte Worte" – Themen herausarbeiten

1 **a** Notieren Sie in der Tabelle den Namen der Figur, die den jeweiligen Satz äußert.
   b Ergänzen Sie den jeweils angegebenen Akt mit der Seite, der das Zitat entnommen ist.
   c Leiten Sie aus den Zitaten zentrale Themen und Konflikte ab und ergänzen Sie sie in der Tabelle.

Wortspeicher

Der Polizist, ~~Der Dritte~~, Der Bürgermeister, Ill, Der Bürgermeister, Claire Zachanassian, Der Pfarrer, Claire Zachanassian, Claire Zachanassian, Frau Ill, Frau Ill, Der Pfändungsbeamte

Zitat	Akt, Seite	Figur	Thema/Konflikt
Leben von der Arbeitslosenunterstützung.	I, S.14	Der Dritte	
Das Land floriert, und ausgerechnet Güllen mit der Platz-an-der-Sonne-Hütte geht bankrott.	I, S.16		
Ich liebe dich doch!	I		
Ich gebe euch eine Milliarde und kaufe mir dafür die Gerechtigkeit. / Man kann alles kaufen.	I		
Die Gerechtigkeit kann man doch nicht kaufen!	I		
Eine Milliarde für Güllen, wenn jemand Alfred Ill tötet.	I		
Man soll nicht die Menschen fürchten, sondern Gott, nicht den Tod des Leibes, den der Seele.	II		
Güllen für einen Mord, Konjunktur für eine Leiche.	III		
Geld allein macht nicht glücklich.	III		
Wir kennen keine Geheimnisse in unserer Familie.	III		
Es wäre doch nun eigentlich Ihre Pflicht, mit Ihrem Leben Schluß zu machen, als Ehrenmann die Konsequenzen zu ziehen, finden Sie nicht?	III		
Steh auf, du Schwein.	III		

Die Zitate stammen aus: Friedrich Dürrenmatt: Der Besuch der alten Dame. Eine tragische Komödie.
Neufassung 1980. © 1998 Diogenes Verlag AG Zürich, R

2 Diskutieren Sie in der Lerngruppe, welche der von Ihnen erarbeiteten Themen Sie in einer heutigen Inszenierung des Stückes ins Zentrum stellen würden.

Besucher und Besuchte – Die Figurenkonstellation bestimmen

1 **a** Ergänzen Sie die in diesem Schaubild noch fehlenden Figuren bzw. Figurengruppen.

b Kennzeichnen Sie die Beziehungen innerhalb der Gruppe der Besucher und innerhalb der Gruppe der Besuchten mit farbigen Pfeilen: grün = gutes Verhältnis, rot = schlechtes Verhältnis, gelb = uneinheitliches Verhältnis, einfacher Pfeil = einseitiges Verhältnis, Doppelpfeil = wechselseitiges Verhältnis.

c Ergänzen Sie Informationen, die das Verhältnis der Figuren zueinander verdeutlichen.

BESUCHER **BESUCHTE**

Ihre Gatten

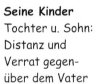

Claire Zachanassian

Alfred Ill

Seine Kinder
Tochter u. Sohn: Distanz und Verrat gegenüber dem Vater

Medien

Koby und Loby

Amtsträger

Fotos: Deutsches Theater Berlin, Wolfhard Theile

2 Stellen Sie in der Lerngruppe in zwei bis drei Standbildern nach, wie sich Ills Position innerhalb der Gruppe der Besuchten im Verlauf des Stückes verändert.

Tragische Helden – Die Figurenkonzeption verstehen

1 Im folgenden Auszug aus einem Beitrag zum modernen Theater erläutert Dürrenmatt sein Verständnis der Figuren.

   a Unterstreichen Sie Sätze, die wesentliche Kernaussagen zur Figurenkonzeption enthalten.

   b Markieren Sie Argumente, mit denen Dürrenmatt seine Figurenkonzeption begründet.

   c Geben Sie in eigenen Worten Dürrenmatts hier dargelegte Vorstellung von Figuren des modernen Theaters wieder.

Friedrich Dürrenmatt: Theaterprobleme

Der Held eines Theaterstückes treibt nicht nur eine Handlung vorwärts oder erleidet ein bestimmtes Schicksal, sondern stellt auch eine Welt dar. Wir müssen uns daher die Frage stellen, wie unsere be-
5 denkliche Welt dargestellt werden muß, mit welchen Helden, wie die Spiegel, diese Welt aufzufangen, beschaffen und wie sie geschliffen sein müssen. Läßt sich die heutige Welt etwa, um konkret zu fragen, mit der Dramatik Schillers gestalten, wie einige
10 Schriftsteller behaupten, da ja Schiller das Publikum immer noch packe? Gewiß, in der Kunst ist alles möglich, wenn sie stimmt, die Frage ist nur, ob eine Kunst, die einmal stimmte, auch heute noch möglich ist. Die Kunst ist nie wiederholbar, wäre sie es, wäre
15 es töricht, nun nicht einfach mit den Regeln Schillers zu schreiben. Schiller schrieb so, wie er schreibt, weil die Welt, in der er lebte, sich noch in der Welt, die er schrieb, die er sich als Historiker erschuf, spiegeln konnte. Gerade noch. War doch Napoleon vielleicht
20 der letzte Held im alten Sinne. Die heutige Welt, wie sie uns erscheint, läßt sich dagegen schwerlich in der Form des geschichtlichen Dramas Schillers bewälti-gen, allein aus dem Grunde, weil wir keine tragischen Helden, sondern nur Tragödien vorfinden, die von
25 Weltmetzgern inszeniert und von Hackmaschinen ausgeführt werden. Aus Hitler und Stalin lassen sich keine Wallensteine mehr machen. Ihre Macht ist so riesenhaft, daß sie selber nur noch zufällige, äußere Ausdrucksformen dieser Macht sind, beliebig zu er-
30 setzen, und das Unglück, das man besonders mit dem ersten und ziemlich mit dem zweiten verbindet, ist zu weitverzweigt, zu verworren, zu grausam, zu mecha-nisch geworden und oft einfach auch allzu sinnlos. Die Macht Wallensteins ist eine noch sichtbare Macht, die heutige Macht ist nur zum kleinsten Teil sichtbar,
35 wie bei einem Eisberg ist der größte Teil im Gesichts-losen, Abstrakten versunken. Das Drama Schillers setzt eine sichtbare Welt voraus, die echte Staats-aktion, wie ja auch die griechische Tragödie. Sichtbar in der Kunst ist das Überschaubare.
40 Der heutige Staat ist jedoch unüberschaubar, anonym, bürokratisch geworden, und dies nicht etwa nur in Moskau oder Washington, sondern auch schon in Bern […]. Die echten Repräsentanten fehlen, und die tragischen Helden sind ohne Namen. Mit einem
45 kleinen Schieber[1], mit einem Kanzlisten[2], mit einem Polizisten läßt sich die heutige Welt besser wieder-geben als mit einem Bundesrat, als mit einem Bundeskanzler.

Friedrich Dürrenmatt: Theater, Essays, Gedichte, Reden.
Werkausgabe Bd. 30, Zürich: Diogenes Verlag 1998, S. 58ff. R

[1] **Schieber:** umgangssprachlich für gewinnsüchtigen Geschäftemacher, Betrüger
[2] **Kanzlist:** Büroangestellter im Büro einer Behörde oder eines Anwalts

2 Betrachten Sie das Figurenverzeichnis des Stückes und entscheiden Sie, mit welcher der folgenden Skizzen es am besten dargestellt wird. Kreuzen Sie an und begründen Sie Ihre Entscheidung Ihrer Lernpartnerin bzw. Ihrem Lernpartner.

☐ Modell Nr. 1

☐ Modell Nr. 2

☐ Modell Nr. 3

3 Im Unterschied zu Ill und Claire Zachanassian tragen die weiteren Figuren im Figurenverzeichnis einander stark ähnelnde Namen oder werden nur mit ihrer Berufsbezeichnung oder als Nummer aufgeführt. Erläutern Sie schriftlich, was damit ausgesagt wird. Veranschaulichen Sie Ihre Aussagen mit Beispielen aus dem Stück.

Claire Zachanassian – Rollenzuschreibungen vergleichen (Teil 1)

1 **a** Dürrenmatts Drama entstand Mitte der 1950er Jahre. Listen Sie ausgehend von den folgenden Texten die wesentlichen Rollenerwartungen an Frauen dieser Zeit auf und stellen Sie den von Ihnen herausgearbeiteten Aspekten das Verhalten und Auftreten Claire Zachanassians im ersten Akt gegenüber.

b Erläutern Sie, ob Claire bereits als Kind und Jugendliche den typischen Rollenerwartungen entspricht.

Auszug aus einer Frauenzeitschrift unter der Rubrik „Sie und Er": Als wir noch jung waren …, haben wir oft über die „bürgerliche Spießigkeit" gelacht, über die Menschen unter der Lampe am warmen
5 Ofen, wenn draußen der Regen fiel … Und heute? Heute sitzen wir unter der Lampe, ich stopfe seine Strümpfe, er liest die Zeitung und manchmal liest er mir daraus vor. Ja, ich bitte ihn darum. Er weiß, dass mich nicht gerade verfassungsrechtliche Fragen und
10 polemische Artikel interessieren – und so wählt er aus. Schon in der Auswahl, scheint mir, begegnen sich unsere Gedanken und Gefühle. Oft bilde ich mir sogar ein, dass in einem besonderen Artikel, den er ausgewählt hat, eine kleine Liebeserklärung für mich ver-
15 borgen liegt … Ich stopfe seine Socken, er sagt ein Wort – oder er schweigt, wie es sich ergibt; und manchmal hören wir den Regen vor den Fenstern unserer kleinen Wohnung plätschern. Hinter der Tür des Nebenraumes spricht unsere Kleinste ein schlaf-
20 trunkenes undeutliches Wort … Wenn ich aufschaue, sehe ich: Er ist da. Ich bin nicht allein. Das Leben ist nicht grau.

Eckhard Siepmann: Heiß und kalt: die Jahre 1945–1969.
Berlin: Elefanten Press 1993, S. 427

Zwanzigjährige haben das Wort:
Mein Zuhause kann ich nicht ein Elternhaus nennen, sondern ein Mutterstübchen. Meine Mutter … musste uns Kinder allein erziehen. Aber sie verzog mich nicht, sondern sie belehrte mich und gab mir gute Beispiele,
5 suchte, solange es ging, den kindlichen Sinn zu erhalten, indem sie mich von allem fernhielt, was ein kindliches Gemüt noch nicht verstehen kann … Ich habe mit ihr meine Probleme beraten und sie hat sich nicht davor versteckt. So habe ich das „Leben" lang-
10 sam erfahren; es konnte sich alles gut ausprägen; ich konnte meine Erfahrungen machen, selbst und in aller Ruhe und lernte so, mich selbst zu erziehen.

Das sechste Jahrzehnt des XX. Jahrhunderts.
Hrsg. von Franz Burda. Offenburg, Baden: Burda 1961, S. 92

2 Inwiefern entspricht die Abbildung von Claire Zachanassian dem Bild, das Sie sich von der Figur der Milliardärin gemacht haben? Machen Sie sich neben dem Szenenfoto Notizen.

_____

_____

_____

_____

_____

_____

_____

Foto: Düsseldorfer Schauspielhaus, Sebastian Hoppe

Claire Zachanassian – Rollenzuschreibungen vergleichen (Teil 2)

3 Das ungewöhnliche Auftreten Claire Zachanassians versuchen die Figuren des Dramas und auch
der Autor mit unterschiedlichen Rollenbildern zu erklären.
  a Bilden Sie Vierergruppen und verteilen Sie innerhalb der Gruppe die unten stehenden vier
  Rollenzuschreibungen.
  b Suchen Sie für die von Ihnen gewählte Rollenzuschreibung jeweils passende Beispiele aus dem Drama.
  c Informieren Sie Ihre Vierergruppe in einem Kurzvortrag über Ihre Ergebnisse.

Götzenbild
Dürrenmatt, Anmerkung I (S. 143): „Doch, da sie sich
außerhalb der menschlichen Ordnung bewegt, ist sie
etwas Unabänderliches, Starres geworden, ohne Entwicklung mehr, es sei denn die, zu versteinern, ein
Götzenbild zu werden."

Götze, ein Gegenstand göttlicher Verehrung

Hure
DER LEHRER: Gegenüber […] dieser Erz-
hure, die ihre Männer wechselt vor unseren
Augen, schamlos, die unsere Seelen ein-
sammelt? (S. 102)

Medea
DER LEHRER: Wie eine Heldin der Antike kommen Sie
mir vor, wie eine Medea. (S. 90)

Medea ist eine Figur der antiken Mythologie. Jason und
seine Krieger wollen das Goldene Vlies an sich bringen.
Dabei hilft ihnen Medea, die sich in Jason verliebt hat.
Nach der Hochzeit fahren sie nach Jolkos, wo Jason
Pelias die Herrschaft abnehmen möchte. Medea bringt
Pelias' Töchter mit einer List dazu, ihn zu töten. Aus
Jolkos vertrieben, leben beide mit ihren Söhnen in
Korinth. Um die Herrschaft zu übernehmen, heiratet
Jason hier die Königstochter Glauke. Medea tötet aus
Rache Glauke und ihre eigenen beiden Kinder.

Klotho, eine Parze
DER LEHRER: Kommt mir vor wie eine
Parze, wie eine griechische Schicksalsgöttin.
Sollte Klotho heißen, nicht Claire, der traut
man es noch zu, daß sie Lebensfäden spinnt.
(S. 34)

Die Parzen (griech. Moiren) sind in der
antiken Mythologie die Schicksalsgöttinnen
Klotho, Lachesis und Atropos. Klotho spinnt
den Lebensfaden, Lachesis teilt das Schicksal
zu und Atropos zerschneidet den
Lebensfaden. Sie symbolisieren die
Erfahrung der Menschen, dem Schicksal
ausgeliefert zu sein.

Friedrich Dürrenmatt: Der Besuch der alten Dame. Eine tragische Komödie. Neufassung 1980. © 1998 Diogenes Verlag AG Zürich, R

4 Beschreiben und deuten Sie abschließend die dramatische Funktion der Titelfigur.
Tipp: Beachten Sie, welche Rolle Claire Zachanassian im Hinblick auf die Handlung spielt.

_____

_____

_____

_____

_____

_____

_____

Alfred Ill – Eine Figur genauer betrachten

1 **a** Beschreiben Sie, welches Bild Sie von Alfred Ill bei der Lektüre des ersten Aktes gewonnen haben. Notieren Sie dazu Charaktereigenschaften und Verhaltensweisen zwischen den Abbildungen.

 b Begründen Sie schriftlich, welche der Darstellungen dem Bild, das Sie sich von Ill gemacht haben, am besten entspricht.

Foto: Düsseldorfer Schauspielhaus,
Sebastian Hoppe

Deutsches Theater Berlin,
Foto: Iko Freese/DRAMA

2 **a** Bewerten Sie, inwieweit die folgenden Aussagen zu Alfred Ill für den weiteren Verlauf der Handlung nach dem ersten Akt zutreffen.

 b Vergleichen Sie Ihre Ergebnisse in einer Kleingruppe und begründen Sie Ihre Entscheidungen.

	trifft nicht zu	trifft zu
Ill verändert sich im Lauf des Dramas.	☐	☐
Ill lernt aus seiner Vorgeschichte.	☐	☐
Ill akzeptiert seinen Tod.	☐	☐
Ill ist Opfer und Sieger.	☐	☐
Ills Tod ist sinnvoll.	☐	☐
Ill erkennt seine Gefährdung.	☐	☐
Es gibt keinen direkten Zusammenhang zwischen der Einsicht, schuldig zu sein, und der Tatsache, dass er den Tod akzeptiert.	☐	☐

3 Nehmen Sie schriftlich Stellung zu Dürrenmatts folgender Beurteilung der Figur Ill.

[…] ein gedankenloses Mannsbild, ein einfacher Mann, dem langsam etwas aufgeht, durch Furcht, durch Entsetzen, etwas höchst Persönliches; an sich erlebt er die Gerechtigkeit, weil er seine Schuld erkennt, er wird groß durch sein Sterben (sein Tod ermangle nicht einer gewissen Monumentalität).

Friedrich Dürrenmatt: Anmerkungen. In: Der Besuch der alten Dame. Eine tragische Komödie. Neufassung 1980.
© 1998 Diogenes Verlag AG Zürich, S. 143, R

Panther und Wildkätzchen – Die Figurenbeziehung untersuchen

1   Verfassen Sie jeweils eine Rollenbiografie von Claire und Alfred, die der Szene im Konradsweilerwald (S. 36–41) vorangeht. Berücksichtigen Sie dabei Beruf, Kleidungsstil, Familienverhältnisse, soziale Stellung, Wünsche, Zukunftsperspektiven.

Methode   Rollenbiografien

Rollenbiografien dienen dazu, sich Figuren eines Stückes schreibend anzueignen, indem man für die jeweilige Figur eine Selbstdarstellung in der Ich-Form verfasst. Ausgehend von dem Text werden dabei auch die Lebensumstände, Gedanken oder Gefühle der Figur vorgestellt.

2   Im Verlauf des Stückes werden verschiedene Einschätzungen zu dem Verhältnis von Ill und Claire vorgenommen. Welche der folgenden Sätze treffen auf das Verhältnis beider Figuren zum Zeitpunkt ihres Wiedersehens im Konradsweiler Wald zu? Kreuzen Sie an und begründen Sie Ihre Entscheidung.

Aussage	trifft zu	trifft nicht zu	Begründung
ILL: [...] Sehen Sie, Herr Lehrer, *die* habe ich im Sack. (S. 25)	☐	☐	
ILL: [...] Das Leben trennte uns, nur das Leben, wie es eben kommt. (S. 18)	☐	☐	
ILL: Wir waren die besten Freunde. (S. 18)	☐	☐	
DER POLIZIST: [...] War da eben mit der Milliardärin und dem Krämer Ill in der Peterschen Scheune. Eine rührende Szene. Die beiden waren andächtig wie in einer Kirche. (S. 34)	☐	☐	
DER BÜRGERMEISTER: [...] Wildkätzchen, Zauberhexchen hat er sie genannt, Millionen wird er aus ihr schöpfen. (S. 33)	☐	☐	

Friedrich Dürrenmatt: Der Besuch der alten Dame. Eine tragische Komödie. Neufassung 1980. © 1998 Diogenes Verlag AG Zürich, Ⓡ

3   Finden Sie in der Szene vom Konradsweilerwald (S. 37–41) für die folgenden Sprechabsichten jeweils zwei Beispiele und notieren Sie sie hier.

schmeicheln/lügen: _____

_____

Mitleid erregen: _____

_____

entlarven: _____

4   Beurteilen Sie schriftlich das Verhältnis der beiden Hauptfiguren zueinander, indem Sie den Verlauf des Gesprächs im Konradsweilerwald sowie die Sprechabsichten einbeziehen.

Ill und der Bürgermeister – Ein Gespräch analysieren (Teil 1)

1 **a** Bestimmen Sie das Verhältnis der Gesprächspartner und die Art des Gesprächs. Kreisen Sie dafür exemplarische Bestandteile des Textes ein und halten Sie Ihr Ergebnis unter dem Textauszug fest.

b Markieren Sie in den Regieanweisungen Hinweise zum Ort und den Requisiten und notieren Sie am linken Rand, welche Schlussfolgerung Sie daraus jeweils für die Aussagen der Sprecher ziehen.

c Bestimmen Sie in der rechten Randspalte für die farblich hervorgehobenen Stellen die Absicht der Sprecher und benennen Sie die dafür typischen sprachlichen Mittel, zu denen die Gesprächspartner greifen.

Der Bürgermeister kommt. Legt einen Revolver aufs Pult, setzt sich.
Von links kommt Ill. An der Wand hängt ein Bauplan.
ILL: Ich habe mit Ihnen zu reden, Bürgermeister.
DER BÜRGERMEISTER: Nehmen Sie Platz.
5 ILL: Von Mann zu Mann. Als Ihr Nachfolger.
DER BÜRGERMEISTER: Bitte.
Ill bleibt stehen, blickt auf den Revolver.
DER BÜRGERMEISTER: Der Panther der Frau Zachanassian ist los. Er klettert
in der Kathedrale herum. Da muß man sich bewaffnen.
10 ILL: Gewiß.
DER BÜRGERMEISTER: Habe die Männer aufgeboten, die Gewehre besitzen.
Die Kinder werden in der Schule zurückbehalten.
ILL *mißtrauisch*: Ein etwas großer Aufwand.
DER BÜRGERMEISTER: Raubtierjagd.
15 [...]
DER BÜRGERMEISTER: Was haben Sie auf dem Herzen? Reden Sie frei von
der Leber weg.
ILL *mißtrauisch*: Sie rauchen da eine gute Sorte.
DER BÜRGERMEISTER: Eine blonde Pegasus.
20 ILL: Ziemlich teuer.
DER BÜRGERMEISTER: Dafür anständig.
ILL: Vorher rauchten Herr Bürgermeister was anderes.
DER BÜRGERMEISTER: Rößli fünf.
ILL: Billiger.
25 DER BÜRGERMEISTER: Allzu starker Tabak.
ILL: Eine neue Krawatte?
DER BÜRGERMEISTER: Seide.
ILL: Und Schuhe haben Sie wohl auch gekauft?
DER BÜRGERMEISTER: Ich ließ sie von Kalberstadt kommen. Komisch,
30 woher wissen Sie das?
ILL: Deshalb bin ich gekommen.
DER BÜRGERMEISTER: Was ist denn los mit Ihnen? Sehen bleich aus. Krank?
ILL: Ich fürchte mich.
DER BÜRGERMEISTER: Fürchten?
35 ILL: Der Wohlstand steigt.
DER BÜRGERMEISTER: Das ist mir das Allerneuste. Wäre erfreulich.
ILL: Ich verlange den Schutz der Behörde.
DER BÜRGERMEISTER: Ei. Wozu denn?
ILL: Das wissen der Herr Bürgermeister schon.
40 DER BÜRGERMEISTER: Mißtrauisch?
ILL: Für meinen Kopf ist eine Milliarde geboten.
DER BÜRGERMEISTER: Wenden Sie sich an die Polizei.
ILL: Ich war bei der Polizei.
DER BÜRGERMEISTER: Das wird Sie beruhigt haben.
45 ILL: Im Munde des Polizeiwachtmeisters blitzt ein neuer Goldzahn.

Ill und der Bürgermeister – Ein Gespräch analysieren (Teil 2)

DER BÜRGERMEISTER: Sie vergessen, daß Sie sich in Güllen befinden. In einer Stadt mit humanistischer Tradition. Goethe hat hier übernachtet. Brahms ein Quartett komponiert. Diese Werte verpflichten. […] Wir verdienen Ihren Undank nicht. Wenn Sie kein Vertrauen in unsere Gemeinde zu setzen
50 vermögen, tun Sie mir leid. Ich habe diesen nihilistischen Zug nicht erwartet. Wir leben schließlich in einem Rechtsstaat. […]

ILL: Dann verhaften Sie die Dame.

DER BÜRGERMEISTER: Merkwürdig. Äußerst merkwürdig.

ILL: Das hat der Polizeiwachtmeister auch gesagt.

55 **DER BÜRGERMEISTER**: Das Vorgehen der Dame ist weiß Gott nicht ganz so unverständlich. Sie haben schließlich zwei Burschen zu Meineid angestiftet und ein Mädchen ins nackte Elend gestoßen.

ILL: Dieses nackte Elend bedeutet immerhin einige Milliarden, Bürgermeister. *Schweigen.*

60 **DER BÜRGERMEISTER**: Reden wir ehrlich miteinander.

ILL: Ich bitte darum.

DER BÜRGERMEISTER: Von Mann zu Mann, wie Sie es verlangt haben. Sie besitzen nicht das moralische Recht, die Verhaftung der Dame zu verlangen, und auch als Bürgermeister kommen Sie nicht in Frage. Es tut mir leid, das
65 sagen zu müssen.

ILL: Offiziell?

DER BÜRGERMEISTER: Im Auftrag der Parteien.

ILL: Ich verstehe.

Er geht langsam links zum Fenster, kehrt dem Bürgermeister den Rücken zu,
70 *starrt hinaus.*

DER BÜRGERMEISTER: Daß wir den Vorschlag der Dame verurteilen, bedeutet nicht, daß wir die Verbrechen billigen, die zu diesem Vorschlag geführt haben. Für den Posten eines Bürgermeisters sind gewisse Forderungen sittlicher Natur zu stellen, die Sie nicht mehr erfüllen, das müssen Sie
75 einsehen. Daß wir Ihnen im übrigen die gleiche Hochachtung und Freundschaft entgegenbringen wie zuvor, versteht sich von selbst. […]

ILL: Ich sehe einen Plan an der Wand. Das neue Stadthaus? *Er tippt auf den Plan.*

DER BÜRGERMEISTER: Mein Gott, planen wird man wohl noch dürfen.

80 **ILL**: Ihr spekuliert schon mit meinem Tod!

DER BÜRGERMEISTER: Lieber Mann, wenn ich als Politiker nicht mehr das Recht hätte, an eine bessere Zukunft zu glauben, ohne gleich an ein Verbrechen denken zu müssen, würde ich zurücktreten, da können Sie beruhigt sein.

85 **ILL**: Ihr habt mich schon zum Tode verurteilt. […] *leise* Der Plan beweist es! Beweist es!

Friedrich Dürrenmatt: Der Besuch der alten Dame. Eine tragische Komödie. Neufassung 1980.
© 1998 Diogenes Verlag AG Zürich, S. 67–72, R

Verhältnis der Gesprächspartner / Art des Gesprächs:

_____

_____

_____

2   Fassen Sie den Gesprächsverlauf und die Bedeutung für die gesamte Handlung zusammen.

Die Bedrohung wächst – Die Zuspitzung des Konflikts darstellen

1   **a** Die Jagd nach dem Panther der alten Dame spielt im zweiten Akt eine wichtige Rolle. Ordnen Sie
   die Zitate aus dem Wortspeicher mit Seitenangabe den einzelnen Stationen in der unten stehenden
   Skizze zu.

   b Ergänzen Sie in den oberen und unteren Feldern Handlungsschritte in Bezug auf Ill und
   Claire Zachanassian.

   c Notieren Sie in Ihren Unterlagen, welche Gegensätze und/oder Entsprechungen die Übersicht
   verdeutlicht.

Wortspeicher

- ~~Eine Milliarde für Güllen.~~
- **DER BUTLER**: Er liegt tot vor Ills Laden.
- **CLAIRE ZACHANASSIAN**: Ich nannte dich: mein schwarzer Panther.   **ILL**: Der bin ich noch.
- **DER BÜRGERMEISTER**: Raubtierjagd.
- **DER POLIZIST**: Der schwarze Panther. Ich muß ihn jagen. […]   **ILL**: Mich jagt ihr, mich.

Ill im Laden im Städtchen

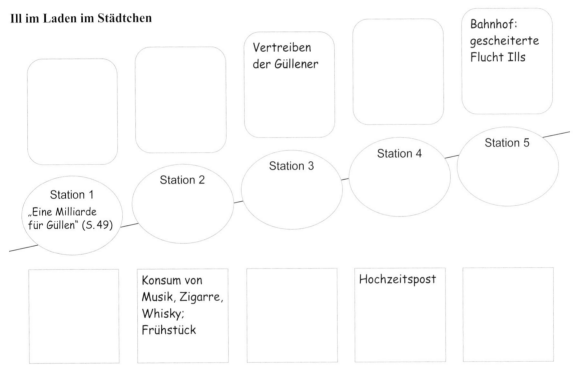

Bahnhof: gescheiterte Flucht Ills

Vertreiben der Güllener

Station 5
Station 4
Station 3
Station 2
Station 1
„Eine Milliarde für Güllen" (S. 49)

Konsum von Musik, Zigarre, Whisky; Frühstück

Hochzeitspost

Claire auf dem Balkon

2   Welche Schlussfolgerungen ziehen Sie aus dem Handlungsverlauf des zweiten Akts? Beziehen Sie in
   Ihre Erläuterungen den folgenden Text mit ein.

Gabriele Sorgo: Konsum und soziale Beziehungen

Weil heute alle Dinge für alle käuflich sind, scheint
auch Geltung käuflich zu sein. Das suggeriert die
Werbung, davon profitiert der Konsum. Die Banken
fördern den Konsum und der Konsum fördert die
5 Banken. Heute lernen wir selbstverständlich das
Geldausgeben vor dem Geldverdienen. „Aber das
ständige Nehmen macht nicht selig. Vielmehr erzeugt
es weitere Gefühle der Bedürftigkeit", stellt Univ.-
Dozentin Dr. Gabriele Sorgo fest und ergänzt:
„Zufriedenheit entsteht nur im zwischenmenschlichen   10
Austausch. Wer so viele Angebote annimmt, verliert
nicht nur leicht die Kontrolle über seinen Kontostand,
sondern auch über die eigene Person. […]"

http://vorarlberg.orf.at/magazin/klickpunkt/focus/stories/270036/
(Stand: 13.08.08)

Schuld und Verantwortung – Den Schluss untersuchen

1 **a** Notieren Sie, welche Rolle die Güllener in der Mordszene (S. 127–131) spielen.
  b Untersuchen Sie die Rolle der Presse: Stellen Sie in Ihrem Heft den folgenden Pressezitaten gegenüber, wie sich die „Wirklichkeit" im Stück präsentiert.

> **S. 119: DER RADIOSPRECHER**: [...] Nach den Aufnahmen im Geburtshaus und dem Gespräch mit dem Pfarrer wohnen wir einem Gemeindeanlaß bei. Wir kommen zum Höhepunkt des Besuches, den Frau Claire Zachanassian ihrem ebenso sympathischen wie gemütlichen Heimatstädtchen abstattet.
> **S. 120: DER RADIOSPRECHER**: [...] Eine Stiftung, die mit einem Schlag die Einwohner des Städtchens zu wohlhabenden Leuten macht und damit eines der größten sozialen Experimente unserer Epoche darstellt.
> **S. 124: DER RADIOREPORTER**: [...] wie eine gewaltige Verschwörung für eine bessere, gerechtere Welt. Nur der alte Mann sitzt regungslos, vor Freude überwältigt.

2 Erklären Sie auf der Basis des folgenden Textes den Zusammenhang von Schuld und Norm.

Schuld und Norm

Menschen leben und entwickeln sich in sozialen Systemen: Familien, Peergruppen, Betrieben, Vereinen, Nachbarschaften, Kirchen, Gemeinden, Staaten. In jedem System gibt es formulierte und gelebte Normen,
5 die Rechte, Pflichten, Umgangsformen, Entscheidungsverfahren, Sanktionen bei Verstößen u. a. m. festlegen. Zwischen den Normen eines Systems und den normativen Überzeugungen von Mitgliedern kann es Divergenzen geben, die zu Konflikten führen, wenn sie nicht
10 durch Anpassung der Mitglieder und/oder durch Wandel des sozialen Systems aufgelöst oder reduziert werden können. Anpassung heißt Einhalten der Normen, was auch ohne ihre Anerkennung, d. h. die Überzeugung, dass sie richtig sind, möglich ist. [...]
15 Mit **Internalisierung** (Verinnerlichung von Normen) ist gemeint, dass gegebene Normen ohne externe Kontrolle eingehalten werden. [...] Moralische Normen als Richtlinien des Handelns sind auch Standards für die Bewertung eigenen und
20 fremden Handelns. Sie äußern sich als moralische Befriedigung und Schuldgefühl, in Versuchen der Wiedergutmachung, in moralischer Anerkennung, in Entrüstung, in Schuldvorwurf und Strafe. [...] **Ausreden aus der Verantwortlichkeit**. Hat eine
25 Person einen Schaden verursacht, kann sie die Verantwortung dafür abstreiten. Es handelt sich dann im Wesentlichen um die folgenden Ausreden:
– Sie kann die Freiheit des Handelns bestreiten und auf unkontrollierbare Bedingungen verweisen, die

bestimmte Verhalteneseffekte verursacht haben
30 (etwa Ermüdung, Drogeneinwirkungen, Erpressung, Nötigung, Befehlsnotstand, Unfähigkeit, äußere Einwirkungen, intensive Affekte),
– sie kann die Vorhersehbarkeit der Handlungsfolgen bestreiten,
35
– sie kann die Absicht bestreiten, was aber im Falle der Fahrlässigkeit die Verantwortlichkeit nicht aufhebt, sondern nur mindert,
– sie kann auf die Hauptverantwortung anderer Beteiligter verweisen. [...]
40 Verantwortlichkeit für Nachteile, Verluste und Schädigungen anderer durch eigenes Handeln muss von Schuld unterschieden werden. Es kann akzeptable Rechtfertigungen des Handelns geben [...]:
– Verweis auf die Verantwortlichkeit dritter Personen,
45 z. B. von Autoritäten,
– Verweis auf die Priorität übergeordneter Ziele und Werte,
– Verweis auf berechtigte eigene Interessen (z. B. eigene Sicherheit, Wahrung des Gesichtes in Aus-
50 einandersetzungen, wesentliche eigene Entwicklungsziele) oder
– Rechtfertigung des eigenen Handelns als Strafe und Vergeltung für eine vorausgehende Verfehlung.

Ralf Oerter / Leo Montada (Hrsg.): Entwicklungspsychologie.
© 6. Auflage 2008 Beltz PVU in der Verlagsgruppe
Beltz, Weinheim & Basel, S. 580 f., 589 f.

3 Erörtern Sie ausgehend von den folgenden Zitaten Claire Zachanassians Motive, Ill töten zu lassen.

> „Ich gebe euch eine Milliarde und kaufe mir dafür die Gerechtigkeit." (S. 45)
> „Eine Milliarde für Güllen, wenn jemand Alfred Ill tötet." (S. 49)
> „[...] und jetzt will ich, daß wir abrechnen, beide" (S. 49)
> *Friedrich Dürrenmatt: Der Besuch der alten Dame. Eine tragische Komödie. Neufassung 1980. © Diogenes Verlag AG, Zürich,* R

„Wir kennen keine Geheimnisse in unserer Familie" – Subtexte formulieren

1   **a** Auf der Abbildung ist eine vierköpfige Familie um 1950 zu sehen. Notieren Sie darunter, wie die
        Familie nach außen wirkt und wie das Verhältnis der Familienmitglieder untereinander erscheint.
    b Beschreiben Sie unter dem folgenden Text das darin dargestellte Verhältnis zwischen Eltern und
        Kindern.

bpk, Berlin

Wie haben Sie in der Adenauerzeit die Erwachsenen erlebt?
L.W., geb. 1945; Akademiker, antwortet:
„Meine Eltern waren nicht besonders streng, aber trotzdem gab es bei uns einen Verhaltenskodex, den wir einhalten mussten. Übliche Sätze waren: Es wird gegessen, was auf den Tisch kommt. Solange du deine Füße unter meinen Tisch streckst, tust du, was ich sage. So etwas tut man nicht! ..."

W. Hammer: Wirtschaftswunderland, Aspekte der
Kulturgeschichte der Bundesrepublik, in:
Praxis Geschichte 6/1996, S. 26

Methode   **Subtexte verfassen**

Subtext nennt man einen Text, der entsteht, wenn man sich als Leser/in in eine Figur hineinversetzt und deren Gedanken in einer ganz bestimmten Situation, d. h. ausgehend von einer konkreten Textstelle, so formuliert, wie die Figur denken könnte, z. B. in Form eines inneren Monologs.

2   Lesen Sie den dritten Akt und gestalten Sie in Ihren Kursunterlagen zu den hier vorgegebenen Sätzen
    Subtexte, d. h. die unausgesprochenen Gedanken der einzelnen Mitglieder der Familie Ill.

ILL: Eine gute Mutter habt ihr, Kinder. Ich muß es einmal sagen. Eine gute Mutter. (S. 51)
FRAU ILL: Geld allein macht nicht glücklich. (S. 97)
DER SOHN: Ich gehe zum Bahnhof. Ein Arbeiter ist krank. Die brauchen vielleicht Ersatz. (S. 52)
DIE TOCHTER: Ich gehe auch, Vater. [...] Aufs Arbeitsamt. Vielleicht gibt es eine Stelle. (S. 52)

Friedrich Dürrenmatt: Der Besuch der alten Dame. Eine tragische Komödie. Neufassung 1980. © 1998 Diogenes Verlag AG Zürich, ⓡ

3   Beschreiben und deuten Sie die Darstellung von Ills Familie im Drama. Beziehen Sie Ihre Ergebnisse
    aus den Aufgaben 1 und 2 mit ein.

„Konjunktur für eine Leiche" – Sachverhalte visualisieren

1   **a** Notieren Sie in Ihrem Kursordner Charakteristisches hinsichtlich Art und Umfang der unten abge-
     bildeten Geschenke.
    b Untersuchen Sie das Konsumverhalten der Güllener, indem Sie die im Verlauf des Stückes genannten
     Waren (vor und nach Claires Angebot) den hier zu sehenden Gabentischen zuordnen. Notieren Sie
     exemplarische Waren neben der entsprechenden Abbildung.

Weihnachten 1947, Foto: Hans Hansen/
picture press

Weihnachten 1957, Foto: Hans Hansen/
picture press

2   Konjunktur nennt man eine wirtschaftliche Entwicklung, die von verschiedenen Bedingungen abhängig ist
    und bestimmt, wie die wirtschaftliche Situation für Menschen und Unternehmen in einem Land ist.
    a Beschreiben Sie die wirtschaftliche Situation Güllens vor und während des Besuchs der Milliardärin.
    b Kennzeichnen Sie in der unten stehenden Kurve den Abschnitt, der die im Stück beschriebene
     Konjunkturbewegung Güllens wiedergibt, indem Sie die folgenden Handlungsstationen und Begriffe an
     passender Stelle ergänzen:

> Stilllegung der Betriebe, Claires Ankunft, Claires Angebot, Ills Ausgrenzung, Ills Tod, Aufschwung, Rück-
> schlag, Hochkonjunktur, Tiefstand, Produktion und Absatz steigen, Produktion und Absatz gehen zurück

    c Zeichnen Sie in die Grafik eine weitere Kurve für die moralische Verfassung der Güllener im Verlauf
     des Stückes.
    d Erläutern Sie ausgehend von der Grafik, weshalb Güllen das Angebot der Milliardärin annehmen muss.

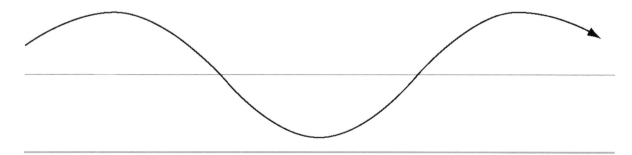

Marktwirtschaft und Moral – Informationen hinzuziehen (Teil 1)

1 Fassen Sie den Inhalt des Textes in der Randspalte thesenartig zusammen. Markieren Sie dazu zunächst Gliederungsmerkmale wie z. B. Nummern, Buchstaben, Schritte oder Wörter wie „erstens", „zweitens" oder „ferner".

Werner Birkenmaier: Es gibt keine simple Rückkehr zu den alten Werten

[…] Wie verändern die sich wandelnden wirtschaftlichen und sozialen Bedingungen unser Wertesystem? […]

Arme Gesellschaften entwickeln und pflegen andere Werte als wohlhabende. So-genannte postmaterielle[1] Werte können nur dort entstehen, wo die materielle Seite
5 des Daseins gesichert erscheint. Der enge Zusammenhang von wirtschaftlichen Bedingungen und Wertewandel lässt sich anhand einer Dreiphasentheorie ver-deutlichen, die auf die Bundesrepublik beispielhaft angewendet werden kann.

In der ersten Phase, nach dem Zweiten Weltkrieg, erleben die Menschen den beginnenden Wohlstand als neu, vorläufig und zerbrechlich. Sie trauen ihm nicht
10 und halten sich deshalb lieber an die alten, ihnen vertrauten Tugenden des Fleißes, der Sparsamkeit und der Konsumaskese[2], verstanden vor allem als die Fähigkeit, die Befriedigung von Bedürfnissen aufzuschieben. Die Werte, denen sich die Menschen in dieser Zeit verpflichtet fühlen, waren noch jene des späten 19. Jahr-hunderts. […] Der amerikanische Soziologe David Riesman hat sie in seinem Buch
15 „Die einsame Masse" als Innenlenkung bezeichnet. Ihren Ursprung hatte diese auf Leistung und Verzicht gerichtete Haltung vor allem in der protestantischen Ethik, die der Soziologe Max Weber als wesentliche Voraussetzung kapitalistischen Denkens und Handelns ausgemacht hat.

In dieser Nachkriegsphase wissen die Menschen noch genau, dass es einmal anders
20 war, und befürchten zugleich, die schlechteren Zeiten könnten wiederkehren. Die Wirtschaft floriert zwar, aber die alten Werte überdauern. Man könnte auch sagen, die Wirtschaft floriert, gerade weil die alten Werte überdauern. Die Gesellschaft modernisiert sich, vor allem auf technischem Gebiet, doch die Werteordnung bleibt konservativ und traditionell. Nicht von ungefähr waren dies die großen Jahre der
25 CDU/CSU. In Westdeutschland war das die Zeit des Wirtschaftswunders, eine Zeit, von der manche sagen: So war es einmal, so sollte es wieder werden. Sie wollen mit alten Tugenden zu einem neuen Aufschwung.

Die zweite Phase umfasst die Zeit des Überflusses, in der die Erinnerungen an schlechtere Zeiten verblassen und die Ängste vor einer ungewissen Zukunft
30 schwinden. Genau genommen denkt man gar nicht mehr daran, dass es auch wieder anders kommen könnte. Das Gefühl breitet sich aus, der neue Reichtum werde ewig anhalten. Erst unter diesen sozialpsychologischen[3] Voraussetzungen können jetzt andere Wertvorstellungen wachsen, vor allem das Streben nach Selbstverwirklichung. Die nun individuelle Spielräume gewährende Wohlstands-
35 gesellschaft wird als ein Schiff empfunden, das auf gutem Kurs ist und nie unter-gehen kann. Selbstverwirklichung, Urlaub, Freizeit, Spaß – das sind die neuen Werte. In Meinungsumfragen ist über die Jahre hinweg abzulesen, wie der Wert der Arbeit, genauer: die Einstellung zu ihr, nach unten rutscht. Der Wertekatalog von ehedem stellt sich auf den Kopf.
40 Aber jetzt, in der dritten Phase, geht das Fest zu Ende. Die Menschen wissen, dass es so nicht weitergehen wird, dass die Globalisierung der Märkte Arbeitsplätze und Wohlstand kostet und sie selbst sich einrichten müssen in einer wirtschaftlich und sozial schwieriger werdenden Umwelt, die weniger nett und fair ist und ihnen

[1] **postmateriell:** nicht auf das Materielle, d. h. Gewinn und Besitz bedacht, sondern auf immaterielle Bedürfnisse wie eine natürliche und intakte Umwelt Wert legend
[2] **Konsumaskese:** freiwilliger Verzicht auf Verbrauchsgüter
[3] **sozialpsychologisch:** Erlebnis- und Verhaltensweisen unter dem Einfluss gesellschaftlicher Faktoren betreffend

Marktwirtschaft und Moral – Informationen hinzuziehen (Teil 2)

mehr abverlangt. Die postmateriellen Werte der siebziger und achtziger Jahre
45 verlieren ihren Zauber und ihre Unschuld. Aber die alten Werte kehren deshalb
nicht einfach zurück.

So ist diese dritte Phase, in der wir uns heute befinden, gekennzeichnet durch die
Sorge, es könnte alles außer Kontrolle geraten. Ralf Dahrendorf[4] hat unlängst
festgestellt: „Die Auflösung vertrauter Strukturen hat ein Maß erreicht, das viele
50 beunruhigt."

Die Brücke zur Welt, Wochenendbeilage der Stuttgarter Zeitung vom 26.02.2005

[4] **Ralf Dahrendorf:** 1929 geborener Soziologe, Politiker und Publizist

---

2 a Inwiefern zeigen sich in „Der Besuch der alten Dame" die hier erläuterten Phasen des Wertewandels?
Ordnen Sie in der Tabelle den drei Phasen entsprechende Verhaltensweisen der Güllener zu.
  b Formulieren Sie unter der Tabelle knapp Ihr Fazit aus den festgestellten Parallelen.

Erste Phase	Zweite Phase	Dritte Phase

---

3 Zeigen Sie, wie die sich positiv wandelnden wirtschaftlichen Bedingungen das Wertesystem der Güllener
verändern. Untersuchen Sie dazu die folgenden Aspekte und ergänzen Sie die Veränderungen in Güllen
stichwortartig.

Kategorien	Veränderungen
Handeln und Verhalten III gegenüber	*Aussicht auf Geld führt zu zunehmender Ausgrenzung, Abwertung, Aggression bis hin zum Mord an Ill.*
Geltung der humanistischen Werte (Menschlichkeit)	
Ehe und Familie	
Verhalten anderen gegenüber	
Konsum, Urlaub, Freizeit, Spaß	

Recht und Gerechtigkeit – Ein Thema erarbeiten

1 **a** Beschreiben Sie in Ihren Unterlagen das Verhältnis von Recht und Gerechtigkeit auf der Grundlage der folgenden soziologischen Ausführungen.
  b Bestimmen Sie schriftlich ausgehend von Dürrenmatts unten stehenden Ausführungen den Begriff „Gerechtigkeit".

Recht: Die Gesamtheit der R.s-Vorschriften, also die R.s-Ordnung, nach denen sich die Verhältnisse und Handlungen der Menschen zueinander sowie ihre Beziehungen zu den öffentlichen Verwaltungsträgern und auch deren R.s-Beziehungen untereinander bestimmen. Dieses R. kann aus durch staatlichen Hoheitsakt gesetzten Normen oder aus allgemein anerkanntem Gewohnheitsrecht bestehen. Die Verbindlichkeit des R.s wird i. d. R. von staatlicher Autorität garantiert und durch die R.s-Sprechung der Gerichte sichergestellt. […] Eine Gesellschaft verhält sich immer im Rahmen von Normen. Hier sind besonders *Brauch* (Handeln aus Gewohnheit), *Sitte* (ausdrückliche Übung, oft affektiv und moralisch begründet) und R. zu trennen. Die tatsächliche Geltung von Normen ergibt sich aus den Sanktionen, die gegen ihre Verletzung verhängt werden. Das kann ein Kopfschütteln, ein lauter Vorwurf oder, im Falle der Verletzung von Normen des Strafrechts, eine staatliche Strafe sein.

Bernhard Schäfers (Hrsg.): Grundbegriffe der Soziologie.
Opladen: Leske und Budrich 1992, S. 244

Friedrich Dürrenmatt: Monstervortrag über Gerechtigkeit und Recht
Die Welt ist in Unordnung, und weil sie sich in Unordnung befindet, ist sie ungerecht. Dieser Satz scheint so evident, daß wir ihn ohne nachzudenken als wahr betrachten. Doch ist er in Wirklichkeit problematisch, weil die Gerechtigkeit problematisch ist. Die Gerechtigkeit ist eine Idee, die eine Gesellschaft von Menschen voraussetzt. […] Wollen wir eine gerechte Gesellschaftsordnung konstruieren, gibt es daher vom Material Mensch her, das uns zum Bau zur Verfügung steht, zwei Konstruktionsmöglichkeiten. Wir können vom besonderen Begriff des Menschen ausgehen, vom Individuum, oder vom allgemeinen Begriff des Menschen, von der Gesellschaft. Wir müssen wählen. Doch bevor wir wählen, müssen wir uns über die Gerechtigkeit klar werden, die wir durch eine Gesellschaftsordnung verwirklichen können. Doch wie der Mensch zwei Begriffe von sich aufstellt, besitzt er auch zwei Ideen von der Gerechtigkeit. Das Recht des Einzelnen besteht darin, sich selbst zu sein: dieses Recht nennen wir Freiheit. Sie ist der besondere Begriff der Gerechtigkeit, den ein jeder von sich macht, die existentielle Idee der Gerechtigkeit. Das Recht der Gesellschaft besteht dagegen darin, die Freiheit eines jeden einzelnen zu garantieren, was sie nur vermag, wenn sie die Freiheit eines jeden einzelnen beschränkt. Dieses Recht nennen wir Gerechtigkeit, sie ist der allgemeine Begriff der Gerechtigkeit, eine logische Idee.

Friedrich Dürrenmatt: Philosophie und Naturwissenschaft. Werk-
ausgabe Bd. 33. © 1998 Diogenes Verlag AG Zürich, S. 55ff., R

2 Erläutern Sie ausgehend von den folgenden Zitaten, was für eine Vorstellung von Gerechtigkeit die jeweilige Figur vertritt.

CLAIRE ZACHANASSIAN: […] Ich gebe euch eine Milliarde und kaufe mir dafür die Gerechtigkeit. (S. 45)
DER LEHRER: […] Nur wenn ihr das Böse nicht aushalten, nur wenn ihr unter keinen Umständen in einer Welt der Ungerechtigkeit mehr leben könnt, dürft ihr die Milliarde der Frau Zachanassian annehmen und die Bedingung erfüllen, die mit dieser Stiftung verbunden ist. (S. 122)
DER RADIOREPORTER: […] Mutig wurde auf Mißstände allgemeiner Art hingewiesen, auf Ungerechtigkeiten, wie sie ja in jeder Gemeinde vorkommen, überall, wo Menschen sind. (S. 122)
ILL: […] Ich unterwerfe mich eurem Urteil, wie es nun auch ausfalle. Für mich ist es die Gerechtigkeit, was es für euch ist, weiß ich nicht. (S. 109)

Friedrich Dürrenmatt: Der Besuch der alten Dame. Eine tragische Komödie. Neufassung 1980. © 1998 Diogenes Verlag AG Zürich, R

3 Nehmen Sie auf Grund Ihrer Ergebnisse Stellung zur These Dürrenmatts „Die Welt ist in Unordnung, und weil sie sich in Unordnung befindet, ist sie ungerecht".

Ill als Märtyer? – Religiöse Bezüge verstehen

1 Ill wird von den Güllenern nahegelegt, sich selbst umzubringen. Inwiefern ist Ills Situation vergleichbar mit der Jesu Christi kurz vor dessen Tod? Ergänzen Sie auf der Grundlage der beiden Texte die Tabelle.

Gespräch zwischen Ill und dem Bürgermeister

DER BÜRGERMEISTER: Ill!

ILL: Bürgermeister! Ich bin durch eine Hölle gegangen. Ich sah, wie ihr Schulden machtet, spürte bei jedem Anzeichen des Wohlstands den Tod näher
5 kriechen. Hättet ihr mir diese Angst erspart, dieses grauenhafte Fürchten, wäre alles anders gekommen, könnten wir anders reden, würde ich das Gewehr nehmen. Euch zuliebe. Aber nun schloß ich mich ein, besiegte meine Furcht. Allein. Es war schwer, nun ist
10 es getan. Ein Zurück gibt es nicht. Ihr müßt nun meine Richter sein. Ich unterwerfe mich eurem Urteil, wie es nun auch ausfalle. Für mich ist es die Gerechtigkeit, was es für euch ist, weiß ich nicht. Gott gebe, daß ihr vor eurem Urteil besteht. Ihr könnt mich töten, ich
15 klage nicht, protestiere nicht, wehre mich nicht, aber euer Handeln kann ich euch nicht abnehmen.

DER BÜRGERMEISTER *nimmt das Gewehr wieder zu sich:* Schade. Sie verpassen die Chance, sich reinzuwaschen, ein halbwegs anständiger Mensch zu wer-
20 den. Doch das kann man von Ihnen ja nicht verlangen.

Friedrich Dürrenmatt: Der Besuch der alten Dame.
Eine tragische Komödie. Neufassung 1980.
© 1998 Diogenes Verlag AG Zürich, S. 108 f. R

Die Kreuzigung Jesu Christi nach Lukas 23, 26–43

Es folgte eine große Menschenmenge, darunter auch Frauen, die um ihn klagten und weinten. Jesus wandte sich zu ihnen um und sagte: Ihr Frauen von Jerusalem, weint nicht über mich; weint über euch und eure Kin-
5 der! Denn es kommen Tage, da wird man sagen: Wohl den Frauen, die unfruchtbar sind, die nicht geboren und nicht gestillt haben. Dann wird man zu den Bergen sagen: Fallt auf uns! und zu den Hügeln: Deckt uns zu! Denn wenn das mit dem grünen Holz geschieht, was wird dann erst mit dem dürren werden? Zusammen mit
10 Jesus wurden auch zwei Verbrecher zur Hinrichtung geführt. Sie kamen zur Schädelhöhe; dort kreuzigten sie ihn und die Verbrecher, den einen rechts von ihm, den andern links. Jesus aber betete: Vater, vergib ihnen, denn sie wissen nicht, was sie tun. […] Einer der
15 Verbrecher, die neben ihm hingen, verhöhnte ihn: Bist du denn nicht der Messias? Dann hilf dir selbst und auch uns! Der andere aber wies ihn zurecht und sagte: Nicht einmal du fürchtest Gott? Dich hat doch das gleiche Urteil getroffen. Uns geschieht recht, wir er-
20 halten den Lohn für unsere Taten; dieser aber hat nichts Unrechtes getan. Dann sagte er: Jesus, denk an mich, wenn du in dein Reich kommst. Jesus antwortete ihm: Amen, ich sage dir: Heute noch wirst du mit mir im Paradies sein.
25

Vergleichsaspekte	Gespräch Ill – Bürgermeister	Die Kreuzigung Jesu Christi
Haltung der anderen gegenüber den zu Tode Verurteilten		
innere Befindlichkeit der zu Tode Verurteilten angesichts des Todes		
Haltung der Verurteilten gegenüber den anderen		
Folge des Todes für die anderen		
Fazit		

2 Erläutern Sie schriftlich, welche Bedeutung Ills Tod für die Güllener hat. Berücksichtigen Sie dabei das folgende Zitat sowie die Funktion der Bezugnahme auf Jesus Christus, der nach dem christlichen Glauben sein Leben geopfert hat, um die Menschen zu erlösen.

„Sein Tod sühnt und erlöst die Güllener nicht vom Bösen, sondern allenfalls von materiellen Übeln, oder besser zum materiellen Übel", so Werner Frizen zu Alfred Ills Tod.

Werner Frizen: Friedrich Dürrenmatt. Der Besuch der alten Dame, München: Oldenburg 2004, S. 44

„Uns kommt nur noch die Komödie bei" – Die Gattungsfrage klären (Teil 1)

Information   Komödie

Die **Komödie** ist eine Gattung des Dramas, bei der das Lachen des Publikums im Vordergrund steht. Die Handlung ist einfach und mündet in ein Happyend. Die Figuren sind von niederem Stand. Die Wirkung der Komödie beruht z. B. darauf, dass Figuren mit Erwartungen brechen oder gegen Normen und Tabus verstoßen. Die Hauptfunktion der Komödie ist die einer Ersatzhandlung, weil hier über Verhaltensweisen oder Charaktereigenschaften gelacht werden darf, die normalerweise nicht toleriert werden. Formen der Komik sind u. a. Sprach-, Situations- oder Charakterkomik.

Information   Tragödie

Die **Tragödie** ist ein literarisches Bühnenwerk mit tragischem Inhalt und meist unglücklichem Ausgang. Der tragische Konflikt beruht oft auf dem Gegensatz von Individuum und Gesellschaft, Freiheit und Notwendigkeit, Mensch und Gott und führt zum Untergang des Helden. Die Figuren sind von hohem Stand und sprechen in einer gehobenen Sprache. Die Themen und der Verlauf der Konflikte führen nach Aristoteles beim Zuschauer dazu, dass er sie stellvertretend durchlebt und so über eigene moralische Konflikte nachdenkt und diese bewältigt (**Katharsis**). Die Handlung spielt im Wesentlichen an einem Ort und dauert nur wenige Stunden. Das klassische Drama besteht in der Regel aus **fünf Akten**, in denen die Spannung aufgebaut und der Handlungsverlauf in bestimmte Etappen gegliedert wird.

1 Dürrenmatt nennt sein Drama „Eine tragische Komödie".
   a Stellen Sie aus dem ersten Akt des Stückes Beispiele zusammen, die auf Sie komisch wirken, und erläutern Sie schriftlich deren Wirkung.
   b Beurteilen Sie, inwiefern das Ende des Dramas im Sinn einer Komödie als Happyend gelten kann. Notieren Sie Stichpunkte in Ihrem Kursordner.

2 a Stellen Sie den Aufbau des Stückes „Besuch der alten Dame" in der folgenden Skizze dar. Weisen Sie dazu den unten aufgeführten Begriffen, die den Aufbau des klassischen Dramas beschreiben, zentrale Momente aus der Handlung des Stückes zu.
   b Vergleichen Sie den Chor der Güllener am Ende des Stückes (S. 131–133) mit dem ersten Lied des Chores aus „Antigone" von Sophokles in seiner Funktion als weiterem Bezugspunkt zur klassischen Tragödie.

1. Akt	2. Akt	3. Akt

Exposition	Spannungs-steigerung	Höhe- und Wendepunkt	fallende Handlung	Katastrophe

„Uns kommt nur noch die Komödie bei" – Die Gattungsfrage klären (Teil 2)

3 Friedrich Dürrenmatt hat sich selbst zu den Möglichkeiten der Tragödie und Komödie geäußert.

  a Markieren Sie in dem Text wiederholt vorkommende Nomen und ihre Synonyme.

  b Ergänzen Sie diese Schlüsselbegriffe in dem unten stehenden Schaubild, das die wesentlichen Informationen des Textes zum Verhältnis von Tragödie und Komödie veranschaulicht.

  c Geben Sie in eigenen Worten die Argumentation Dürrenmatts wieder, inwiefern „die reine Tragödie nicht mehr möglich ist" und „uns […] nur noch die Komödie bei(kommt)".

Friedrich Dürrenmatt: Über Tragödie und Komödie (1955)

Die Tragödie setzt Schuld, Not, Maß, Übersicht, Verantwortung voraus. In der Wurstelei unseres Jahrhunderts, in diesem Kehraus der weißen Rasse, gibt es keine Schuldigen und auch keine Verantwortlichen
5 mehr. Alle können nichts dafür und haben es nicht gewollt. Es geht wirklich ohne jeden. Alles wird mitgerissen und bleibt in irgendeinem Rechen hängen. Wir sind zu kollektiv schuldig, zu kollektiv gebettet in die Sünden unserer Väter und Vorväter. Wir sind nur noch
10 Kindeskinder. Das ist unser Pech, nicht unsere Schuld: Schuld gibt es nur noch als persönliche Leistung, als religiöse Tat. Uns kommt nur noch die Komödie bei. Unsere Welt hat ebenso zur Groteske geführt wie zur Atombombe, wie ja die apokalyptischen Bilder des
15 Hieronymus Bosch auch grotesk sind. Doch das Groteske ist nur ein sinnlicher Ausdruck, ein sinnliches Paradox, die Gestalt nämlich einer Ungestalt, das Gesicht einer gesichtslosen Welt, und genau so wie unser Denken ohne den Begriff des Paradoxen nicht mehr
20 auszukommen scheint, so auch die Kunst, unsere Welt, die nur noch ist, weil die Atombombe existiert: aus Furcht vor ihr.
Doch ist das Tragische immer noch möglich, auch wenn die reine Tragödie nicht mehr möglich ist. Wir können
25 das Tragische aus der Komödie heraus erzielen, hervorbringen als einen schrecklichen Moment, als einen sich öffnenden Abgrund, so sind ja schon viele Tragödien Shakespeares Komödien, aus denen heraus das Tragische aufsteigt.
30 Nun liegt der Schluß nahe, die Komödie sei der Ausdruck der Verzweiflung, doch ist dieser Schluß nicht zwingend. Gewiß, wer das Sinnlose, das Hoffnungslose dieser Welt sieht, kann verzweifeln, doch ist diese Verzweiflung nicht eine Folge dieser Welt, sondern
35 eine Antwort, die er auf diese Welt gibt, und eine andere Antwort wäre sein Nichtverzweifeln, sein Entschluß etwa, die Welt zu bestehen […].
Endlich: Durch den Einfall, durch die Komödie wird das anonyme Publikum als Publikum erst möglich,
40 eine Wirklichkeit, mit der zu rechnen, die aber auch zu berechnen ist. Der Einfall verwandelt die Menge der Theaterbesucher besonders leicht in eine Masse, die nun angegriffen, verführt, überlistet werden kann, sich Dinge anzuhören, die sie sich sonst nicht so leicht anhören würde. Die Komödie ist eine Mausefalle, in
45 die das Publikum immer wieder gerät und immer noch geraten wird. Die Tragödie dagegen setzt eine Gemeinschaft voraus, die heute nicht immer ohne Peinlichkeit als vorhanden fingiert werden kann […].

Friedrich Dürrenmatt: Theater, Essays, Gedichte, Reden.
Werkausgabe Bd. 30, Zürich: Diogenes 1998, S. 62–64, $\boxed{R}$

Zwei Voraussetzungen der Tragödie sind nicht mehr gegeben:	**Welt/Weltbild:**

Komödie:

Koby und Loby – Kommunikation analysieren und reflektieren

1 **a** Notieren Sie über dem folgenden Textauszug, was Ihnen an der Sprechweise und dem Gesprächsverhalten von Koby und Loby auffällt.
b Markieren Sie Stellen, die auf die Vorgeschichte der beiden blinden Männer (S. 47 f., 79) deuten.
c Wie wirken die Aussagen der Blinden auf Sie, wenn Sie Ihre Kenntnisse über deren Vergangenheit
einbeziehen? Erläutern Sie dies unter dem Textauszug.
d Markieren Sie die Regieanweisungen und erläutern Sie in der rechten Randspalte deren Rolle für
die Darstellung der Figuren.
e Ergänzen Sie links neben dem Textauszug weitere Regieanweisungen, die das Verhalten der
Eunuchen beschreiben.
f Formulieren Sie unter dem Text die Funktion dieser Kommunikationsweise im Hinblick auf die
Darstellung von Koby und Roby.

Auffälligkeiten in Bezug auf die Kommunikation: _____

> *Der Polizist regelt den Verkehr, will dem Zug nachgehen, doch kommen*
> *von rechts noch zwei kleine, dicke alte Männer mit leiser Stimme, die sich*
> *an der Hand halten, beide sorgfältig gekleidet.*
> DIE BEIDEN: Wir sind in Güllen. Wir riechen's, wir riechen's, wir
> 5 riechen's an der Luft, an der Güllener Luft.
> DER POLIZIST: Wer seid denn ihr?
> DIE BEIDEN: Wir gehören zur alten Dame, wir gehören zur alten Dame.
> Sie nennt uns Koby und Loby.
> DER POLIZIST: Frau Zachanassian logiert im „Goldenen Apostel".
> 10 DIE BEIDEN *fröhlich*: Wir sind blind, wir sind blind.
> DER POLIZIST: Blind? Dann führe ich euch zwei mal hin.
> DIE BEIDEN: Danke, Herr Polizist, danke recht schön.
> DER POLIZIST *verwundert*: Wie wißt ihr denn, daß ich ein Polizist bin,
> wenn ihr blind seid?
> 15 DIE BEIDEN: Am Tonfall, am Tonfall, alle Polizisten haben den
> gleichen Tonfall.
> DER POLIZIST *mißtrauisch*: Ihr scheint Erfahrungen mit der Polizei
> gemacht zu haben, ihr kleinen dicken Männer.
> DIE BEIDEN *staunend*: Männer, er hält uns für Männer!
> 20 DER POLIZIST: Was seid ihr denn sonst, zum Teufel!
> DIE BEIDEN: Werden's schon merken, werden's schon merken!
> DER POLIZIST *verdutzt*: Na, wenigstens immer munter.
> DIE BEIDEN: Kriegen Koteletts und Schinken. Alle Tage, alle Tage.
> DER POLIZIST: Da würde ich auch herumtanzen. Kommt, gebt mir die
> 25 Hand. Einen komischen Humor haben die Ausländer. *Er geht mit den*
> *beiden in die Stadt hinein.*
> DIE BEIDEN: Zu Boby und Moby, zu Roby und Toby!
>
> *Friedrich Dürrenmatt: Der Besuch der alten Dame. Eine tragische Komödie.*
> *Neufassung 1980. © 1998 Diogenes Verlag AG Zürich, S. 31 f.,* R

So wirken die Aussagen der Blinden, wenn man ihre Vergangenheit kennt: _____

_____

Fazit: _____

_____

Schwarz und Gelb – Symbole deuten

Information	Symbol

Unter einem **Symbol** versteht man ein sprachliches Bild, das auf einen allgemeinen abstrakten Zusammenhang verweist. Meist handelt es sich dabei um einen konkreten Gegenstand. Beispiele sind die Taube als Symbol des Friedens oder das Herz als Symbol für Liebe.
Auch Farben können in der Kunst und der Literatur eine symbolische Bedeutung erhalten; so steht die Farbe Grün z. B. für die Hoffnung.

1   **a** Klären Sie mit Ihrer Lernpartnerin oder Ihrem Lernpartner, inwiefern ein Auto als Symbol zu verstehen ist. Beziehen Sie die folgenden Zitate aus dem Stück sowie den weiterführenden Text in Ihre Überlegungen mit ein.

   b Notieren Sie weitere im Stück genannte Gegenstände, die eine ähnliche symbolische Bedeutung haben wie ein Auto.

ILL: Ein schöner Wagen. Ein ganzes Leben lang mühte ich mich ab, es zu einem kleinen Vermögen zu bringen, zu etwas Bequemlichkeit, zu einem solchen Auto eben zum Beispiel, und nun, wie es soweit ist, möchte ich doch wissen, wie man sich fühlt dabei. Du kommst mit mir nach hinten, Mathilde, und Ottilie sitzt neben Karl. (S. 110)

DIE TOCHTER: Der Arzt mit seinem Mercedes 300. (S. 110)

DER SOHN: Hofbauer mit seinem Volkswagen. Kommt von Kaffigen zurück. (S. 111)

Friedrich Dürrenmatt: Der Besuch der alten Dame. Eine tragische Komödie. Neufassung 1980. © 1998 Diogenes Verlag AG Zürich, R

[…] Wir haben es geschafft: Das neue Auto steht vor der Tür. Alle Nachbarn liegen im Fenster und können sehen, wie wir für eine kleine Wochenendfahrt rüsten. Jawohl, wir leisten uns etwas, wir wollen etwas haben vom Leben; dafür arbeiten wir schließlich alle beide, mein Mann im Werk und ich als Sekretärin wieder in meiner alten Firma.

Kaspar Maase: BRAVO Amerika. Erkundungen zur Jugendkultur der Bundesrepublik in den fünfziger Jahren. Hamburg: Junius 1992, S. 10

---

2   Nach Claires Angebot tragen alle „neue gelbe Schuhe" (S. 64), der Bürgermeister hat einen „neuen blitzenden Goldzahn" (S. 65), am Bahnhof hängt ein neues Plakat mit einer „strahlenden gelben Sonne" (S. 80). Deuten Sie schriftlich die Farbsymbolik.

3   **a** Die Farbe Schwarz besitzt für Claire Zachanassian eine besondere Bedeutung. Notieren Sie in der rechten Spalte der folgenden Tabelle, was Sie mit der Farbe Schwarz in den jeweiligen Beispielen assoziieren.

   b Erläutern Sie schriftlich die symbolische Bedeutung der Farbe Schwarz in Dürrenmatts Stück.

Zitat	Assoziationen
[…] alle brechen in Hochrufe aus, die sich freilich verdutzt dämpfen, wie nun zwei Dienstmänner einen schwarzen kostbaren Sarg herein und nach Güllen tragen. (S. 31)	
DER PFARRER: […] Und vorhin wurde in einem Käfig ein Panther hinaufgeschafft. DER BÜRGERMEISTER: Ein wildes schwarzes Tier. (S. 33)	
DER LEHRER: […] Schauerlich, wie sie aus dem Zuge stieg, die alte Dame mit ihren schwarzen Gewändern. (S. 34)	
ILL: Die Haare? CLAIRE ZACHANASSIAN: Schwarz, glaube ich, doch das sind sie ja oft bei Neugeborenen. (S. 116)	

Friedrich Dürrenmatt: Der Besuch der alten Dame. Eine tragische Komödie. Neufassung 1980. © 1998 Diogenes Verlag AG Zürich, R

Das Groteske – Den Stil untersuchen

1   Beschreiben Sie in Stichworten die Wirkung der hier dargestellten Figuren. Die Figuren in der linken Bildhälfte stellen Selbstbildnisse des Schriftstellers dar.

Friedrich Dürrenmatt: Werkausgabe in dreißig Bänden, Bd. 25, Zürich: Diogenes 1986; CDN, Centre Dürrenmatt, Neuchâtel, Schweiz

2   Formulieren Sie ausgehend von dem folgenden Text eine Erklärung des Grotesken, die sich auf die Darstellung von Figuren, das Bühnenbild und Situationen eines Dramas beziehen lässt.

Das Groteske ist die Darstellung des Verzerrten, Überzogenen und Lachhaften in der Kunst und Literatur. Die Ebene der sinnlich und empirisch fassbaren Wirklichkeit wird z. B. in den Kategorien der Logik, Symmetrie, Hierarchie und Proportionen bewusst zerstört. Stattdessen wird eine „Kunstwelt" geschaffen, in der das Rätselhafte oder Unlogische, das Sonderbare oder Fantastische vorherrscht. Grotesk ist, was sich selbst widerspricht oder was keiner sinnvollen Ordnung zugeordnet werden kann.
Historisch wurde es zuerst auf eine bei Ausgrabungen gegen Ende des 15. Jh.s in Italien entdeckte Ornamentik angewendet, die ein Blatt- und Rankenwerk bildete, aus dem miteinander verschlungene Pflanzen-, Tier- und Menschengestalten herauswuchsen. Weitere Beispiele in Form des Monströsen, Dämonischen und Grausigen finden sich in den Bildern von Hieronymus Bosch und Pieter Brueghel.
Als extreme Form des Komischen arbeitet das Groteske mit der Methode der Verfremdung, erzielt jedoch beim Zuschauer bzw. Leser die Wirkung von Distanz, Desillusionierung, Beunruhigung und Provokation. Wie bei einer Karikatur wird auf das aufmerksam gemacht, was unstimmig ist, indem es überzeichnet wird.

3   **a** Dürrenmatt nennt Claire Zachanassian „eine Dame von Welt, mit einer seltsamen Grazie, trotz allem Grotesken" (S. 22). Erläutern Sie schriftlich, inwiefern der Begriff des Grotesken als Beschreibung des ersten Auftretens der Millionärin (S. 21–27) angemessen ist.
   b Listen Sie weitere Momente aus der ersten Szene während Claires Ankunft (S. 27–31) auf, die von dem abweichen, was der Zuschauer logischerweise erwarten würde.

4   Beschreiben Sie unter Bezugnahme auf die bisher analysierten Szenen und Dürrenmatts folgende Aussage zum Grotesken die Wirkung dieses dramaturgischen Mittels.

Dürrenmatt über das Groteske

Unsere Welt hat ebenso zur Groteske geführt wie zur Atombombe, wie ja die apokalyptischen Bilder des Hieronymus Bosch auch grotesk sind. Doch das Groteske ist nur ein sinnlicher Ausdruck, ein sinnliches Paradox, die Gestalt nämlich einer Ungestalt, das Gesicht einer gesichtslosen Welt, und genau so wie unser Denken ohne den Begriff des Paradoxen nicht mehr auszukommen scheint, so auch die Kunst, unsere Welt, die nur noch ist, weil die Atombombe existiert: aus Furcht vor ihr.

Friedrich Dürrenmatt: Theater, Essays, Gedichte, Reden. Werkausgabe Bd. 30, Zürich: Diogenes 1998, S. 62 $\boxed{R}$

Güllen ist Düsseldorf – Eine Inszenierung diskutieren (Teil 1)

Information   **Regietheater**

Mit **Regietheater** bezeichnet man eine Inszenierung, die stark beeinflusst ist von den Ideen der Regisseurin bzw. des Regisseurs. Dies betrifft den Umgang mit dem Text durch Kürzungen, Verlegung der Handlung in eine andere Zeit oder an einen anderen Ort oder Einfügen von Szenen.

1 **a** Die folgende Rezension bezieht sich auf Volker Löschs Inszenierung des „Besuchs der alten Dame" im Düsseldorfer Schauspielhaus. Beschreiben Sie ausgehend von dem Text Löschs Inszenierungskonzept. Listen Sie dazu auf, wie der Regisseur mit dem Originaltext im Hinblick auf folgende Aspekte verfährt: Bühnenbild/Musik/Ton, Kostüme/Maske/Frisuren, Figuren, Ort, Textdeutung.
   b Diskutieren Sie Möglichkeiten und Grenzen des Regietheaters in Bezug auf Dürrenmatts Stück.

**Marion Meyer: Mitten ins käufliche Herz – Volker Lösch inszeniert „Der Besuch der alten Dame"
nach Dürrenmatt in Düsseldorf als bissig-bittere Satire (2007)**

Die längste Theke der Welt steht nicht in Düsseldorf, sondern seit Freitagabend in Güllen. „Ja steh ich im Wald hier, wo bleibt unser Altbier", lassen die Schauspieler den ganzen Saal anstimmen. „Wer nicht
5 mitsingt, kann gleich gehen", droht der forsche Bürgermeister auf der Bühne. [...] Volker Lösch hat Friedrich Dürrenmatts „tragische Komödie" aus den 50er Jahren auf Düsseldorf und die heutige Zeit gemünzt. Güllen ist hier eine Welt- und Modestadt, mit
10 einem Bürgermeister, den Allmachtsfantasien umtreiben. Natürlich sind da Parallelen zu Düsseldorf beabsichtigt, aber wenn es hier nur um die eine Stadt ginge, würde „Der Besuch der alten Dame" schnell zur Provinzposse. So weit lässt es Volker Lösch nicht kommen.
15 Denn schon die Grundvoraussetzung stimmt nicht: Güllen ist – im Gegensatz zu Düsseldorf – hochverschuldet. Nur so kann das unmoralische Angebot der zurückgekehrten Millionärin Claire Zachanassian (Susanne Tremper wie Milva mit langer roter Haar-
20 pracht) in der Stadt fruchten: Sie will sich Gerechtigkeit kaufen und bietet eine Milliarde Euro für denjenigen, der ihren früheren Geliebten Alfred Ill (Rainer Galke) umbringt.
Als bissig-bittere und manchmal ganz schön alberne
25 Satire legt der Regisseur das Stück an. Mit zehn Schauspielern schafft er unterschiedliche Typen, die alle – grell überzeichnet mit aberwitzigen Perücken und Kostümen – im Kern das wahre Leben mitten ins käufliche Herz treffen. Wie der Künstler Günter
30 (Hans-Jochen Wagner), ein ganz in Schwarz gekleideter eitler Akademie-Professor mit Stock, der beim Publikum mit seinem ätzenden Spott über den Kulturbetrieb immer wieder für Zwischenapplaus sorgt. Der Polizeichef (Christoph Müller) träumt von Uniformen
35 von Armani, der Journalist und Medienmanager Lutz (Urs Peter Halter) von der ultimativen Reportage über

Foto: Düsseldorfer Schauspielhaus, Sebastian Hoppe

das Ende von Alfred Ill: „Ist das jetzt dein persönlicher 11. September?" Die friedensbewegte Lehrerin Maria (Claudia Hübbecker) verzichtet zwar auf den BH,
40 dafür aber nicht auf ihre „abendländischen Prinzipien", die den geforderten Mord eigentlich verbieten. Eigentlich. Denn Gerechtigkeit ist sehr wohl käuflich, so lautet schon die Botschaft bei Dürrenmatt. Und Moral nur eine Frage des Preises.
Und der ist schnell ausgehandelt. Träume sind bezahl-
45 bar, wenn es um Jugend und Schönheit geht. Dank Schönheits-OP feiert sich die verjüngte Gesellschaft nun selbst: der größenwahnsinnige Bürgermeister (großartig: Matthias Leja) als Schwarzenegger-Muskelmann, die anderen rank und schlank am Rande
50 der Ekstase. Nur Alfred Ill bleibt dick und alt zurück, der eiserne Vorhang trennt ihn gnadenlos von den anderen ab. Seinen Tod inszeniert Lösch drastisch: Wie eine Sau durchs Dorf getrieben, wird er wie eine solche abgestochen.
55 Dem Regisseur, der zuletzt mit seiner „Weber"-Adaption in Dresden für Schlagzeilen sorgte, ist in Düsseldorf eine zeitgemäße Umsetzung gelungen: erschreckend entlarvend und höchst unterhaltsam.

Westdeutsche Zeitung vom 12.02.2007

Güllen ist Düsseldorf – Eine Inszenierung diskutieren (Teil 2)

2 Die folgenden Beiträge aus einem Internetforum, das Teil des Internetauftritts des Düsseldorfer
Schauspielhauses ist, kommentieren Volker Löschs Inszenierung von „Der Besuch der alten Dame".
   a Markieren Sie Argumente für und gegen die Inszenierung und formulieren Sie die Hauptpositionen.
   b Welcher Beitrag überzeugt Sie am wenigsten? Begründen Sie Ihre Entscheidung stichwortartig.
   c In Foren wird oft eine mündliche Sprachform verwendet. Markieren Sie Beispiele dafür.

Tom aus Düsseldorf meinte am Donnerstag, den 14.02.2008

Oje; jetzt habe ich mir einige Kommentare durchgelesen und kann nur den Kopf über die negativen Äußerungen
schütteln. Es ist ja wirklich unglaublich, wie starr manche an den Originaltexten von Dürrenmatt festhalten. Ich
kann nur sagen, dass das Stück absolut stimmig ist und eine andere Sprache (ursprünglicher Text) zu dieser Inszenierung einfach fehl am Platze gewesen wäre. Die Einbeziehung des Publikums ist einfach genial, denn man
kann sich direkt mit reinfühlen; fühlt sich als Güllener Bürger im Gemeindesaal und das ist ja auch ganz besonders wichtig für die Schlussszene und dafür, dass der Theaterbesucher sich dadurch als „Mittäter" enttarnt, indem er sitzen bleibt … Hier kann man sehen, wie schnell solche Mechanismen funktionieren und wie schnell
man sich mitschuldig macht an Mord, Gewalt und Verbrechen, weil man einfach nicht aus der Menge heraus-
stechen möchte …

Manfred Meybohm aus Wesel meinte am Samstag, den 12.01.2008

Die Reduktion des Urtextes auf die grundlegenden Fragestellungen und auf der Basis dieser, die Anreicherung
mit fiktiven Klischeefiguren der typisch gegenwärtigen Gesellschaft, bilden das Szenenbild für zeitgemäße gesellschaftliche Kritik. Der Zuschauer wird in einer ihm bekannten Welt mit den Fragestellungen Dürrenmatts
konfrontiert und hoffentlich nachdenklich gestimmt.

P. Patt aus Neuss meinte am Samstag, den 24.03.2007

Wenn ich Dürrenmatts feinsinniges Stück für das RTL-Fernsehen herunterbrechen müsste, würde ich es
ähnlich grobschlächtig ins Werk setzen wie der Regisseur. Alles in allem eine Verhöhnung des Publikums.

Martin Nellessen aus Jülich meinte am Donnerstag, den 15.03.2007

Schauspielhaus Düsseldorf: Nein danke! Gelockt wird mit dem Publikumsmagneten Dürrenmatt, geboten wird
ein reißerisches und oberflächliches Vulgärtheater, wie man es bei Billigkinos erwartet. Warum, wollen Sie
wissen? Ich versuche, es kurzzumachen: Aussprüche wie „Fotze" oder „Ich mach' deinen Arsch so rund, dass
du im Kreis scheißt!" gehören nicht in Dürrenmatts Stück. Man muss auch nicht prüde sein, um über Aussprüche wie „Ich geh' jetzt Erstsemester ficken" Abscheu zu empfinden. Übrigens fühlten sich moslemische
Bürger sicherlich unangenehm berührt, als bei der geforderten Todesstrafe für Ill der religionsverachtende Aus-
spruch fiel: „Wir sind doch keine Moslems!" […] Auch das brutale Aufhängen des Hauptdarstellers und die
ekelhaft blutige Schlachtszene, in der das Blut nur so strömte, sind brutaler als manches Videospiel ab 18 Jahren
und völlig unpassend. Gerne geben wir alle Ihnen noch weitere Tipps zur Verbesserung des mageren und un-
passenden Bühnenbildes oder dazu, wie sie die überflüssigen pyrotechnischen Knalleffekte vermeiden können.
Wir könnten Ihnen auch sagen, was künstlerisch anspruchsvoller ist, als ein Motorboot über mehrere Minuten
mit „Fett" zu bewerfen, das man sich hat absaugen lassen. Einfach eklig und fantasielos und nutzlos. Damit
wird man nicht berühmt.

Anil aus Hückelhoven meinte am Freitag, den 06.04.2007

Das Stück war im Gegensatz zum eher tristen trockenen Original originell und humorvoll umgesetzt, wobei ich
die Dialoge in der Schlussszene nicht abgewandelt hätte, die waren bei Dürrenmatt super. Dass paar Figuren
fehlen, ist auch nicht schlimm. Den, den man hätte vermissen können, war der Pfarrer, aber der wurde ja mit
der Figur der Lehrerin wunderschön vereint. Das war wirklich klasse. Die wiederkehrenden aktuellen Bezüge
(vom Islam bis zur RAF) fand ich am besten, daran sieht man, wie aktuell das Stück doch wieder ist.

http://www.duesseldorfer-schauspielhaus.de/theater/spielplan/detail/248538/der_besuch_der_alten_dame (Stand: 15.10.2008)

---

3 **a** Benennen Sie am Rand der Rezension (S. 28) deren Bestandteile: I = Inhaltsbeschreibungen,
        W = Wertungen.
    b Unterstreichen Sie in zwei Farben je zwei Beispiele für argumentierende und bewertende Passagen.
    c Erklären Sie die unterschiedliche Funktion von Rezensionen von Theaterstücken und Chatbeiträgen.

Die Verfilmung – Eine Szene mit filmischen Mitteln ausgestalten

1 Dürrenmatts „Besuch der alten Dame" wurde zuletzt 2008 von Nikolaus Leytner mit Christiane Hörbiger in der Rolle der alten Dame verfilmt. Setzen Sie die Einstellungen in Bezug zum Stück.

   a Welchen Passagen aus dem Stück entsprechen die Bilder? Notieren Sie dazu in Ihrem Kursordner passende Textstellen.

   b Machen Sie sich Notizen zu Übereinstimmungen und Gemeinsamkeiten.

   c Notieren Sie in Ihrer Kursmappe wie die abgebildeten Filmeinstellungen im Vergleich zum Dramentext auf Sie wirken. Berücksichtigen Sie die Darstellung der Figuren.

2 Gestalten Sie die Rede des Lehrers für ein Drehbuch aus, indem Sie das unten stehende Einstellungsprotokoll fortsetzen.

Gehen Sie dabei aus von dem nebenstehenden Szenenbild des Lehrers, der das „Güllener Tagblatt" mit der Schlagzeile „Brauchen wir wieder die Todesstrafe" in der Hand hält, sowie von der Textvorlage (S. 98–101, „Nun rafft sich der Lehrer auf … Er setzt sich taumelnd auf ein Faß.").

Abbildungen auf dieser Seite: ZIEGLER FILM GmbH & Co. KG, Berlin, Foto: Toni Muhr

Einstellung/Bildinhalt	Einstellungsgröße	Kameraperspektive und -bewegung	Dialog
Lehrer kommt mit Zeitung	Amerikanisch	Untersicht	Lehrer: Güllener Tagblatt. Brauchen wir wieder die Todesstrafe?
…	…	…	…

Information   Einstellungsprotokoll

Ein **Einstellungsprotokoll** hält einzelne Einstellungen, d. h. die durch zwei Schnitte begrenzten Kamerablicke, in ihrer filmsprachlichen Struktur fest. Dazu gehören u. a. folgende Aspekte:

- **Einstellungsgröße:** Weit (Landschaft), Totale (Figur und ein Großteil des Handlungsraums), Halbtotale (ganze Figur und unmittelbare Umgebung), Halbnah (Figur bildfüllend und unten leicht angeschnitten), Amerikanisch (Figur bis zum Gürtel), Nah (Brustbild), Groß (Kopf), Detail (Teile des Gesichts)
- **Kameraperspektive:** Normalsicht, Untersicht, Aufsicht
- **Kamerabewegung:** Kameraachse, -schwenk, -fahrt, Zoom, Schuss-Gegenschuss-Verfahren, Handkamera

Name:	Kurs:	Datum:

Dramenszenen beschreiben und deuten

1 Ordnen Sie den folgenden Textauszug in den unmittelbaren Handlungszusammenhang ein.

2 Analysieren und interpretieren Sie den Textauszug. Achten Sie dabei auf die sprachliche Gestaltung, die Textsorte und die Funktion des Auszugs innerhalb der gesamten Szene.

3 Nehmen Sie abschließend Stellung zu folgender Aussage des Lehrers: „Nur wenn ihr das Böse nicht aushaltet, nur wenn ihr unter keinen Umständen in einer Welt der Ungerechtigkeit mehr leben könnt, dürft ihr die Milliarde der Frau Zachanassian annehmen und die Bedingung erfüllen, die mit dieser Stiftung verbunden ist."

DER LEHRER: Gemeinde von Güllen! Dies der bittere Tatbestand: Wir duldeten die Ungerechtigkeit. Ich erkenne nun durchaus die materielle Möglichkeit, die uns die Milliarde bietet; ich übersehe keineswegs, daß
5 die Armut die Ursache von so viel Schlimmem, Bitterem ist und dennoch: Es geht nicht um Geld, – *Riesenbeifall* – es geht nicht um Wohlstand und Wohlleben, nicht um Luxus, es geht darum, ob wir Gerechtigkeit verwirklichen wollen, und nicht nur sie,
10 sondern auch all die Ideale, für die unsere Altvordern gelebt und gestritten hatten und für die sie gestorben sind, die den Wert unseres Abendlandes ausmachen! *Riesenbeifall.* Die Freiheit steht auf dem Spiel, wenn die Nächstenliebe verletzt, das Gebot, die Schwachen
15 zu schützen, mißachtet, die Ehe beleidigt, ein Gericht getäuscht, eine junge Mutter ins Elend gestoßen wird. *Pfuirufe.*

Mit unseren Idealen müssen wir nun eben in Gottes Namen Ernst machen, blutigen Ernst. *Riesenbeifall.* Reichtum hat nur dann Sinn, wenn aus ihm Reichtum 20 an Gnade entsteht: Begnadet aber wird nur, wer nach Gnade hungert. Habt ihr diesen Hunger, Güllener, diesen Hunger des Geistes, und nicht nur den anderen, profanen, den Hunger des Leibes? Das ist die Frage, wie ich als Rektor des Gymnasiums ausrufen möchte. 25 Nur wenn ihr das Böse nicht aushaltet, nur wenn ihr unter keinen Umständen in einer Welt der Ungerechtigkeit mehr leben könnt, dürft ihr die Milliarde der Frau Zachanassian annehmen und die Bedingung erfüllen, die mit dieser Stiftung verbunden ist. Dies, 30 Güllener, bitte ich zu bedenken.
Tosender Beifall.

Friedrich Dürrenmatt: Der Besuch der alten Dame.
Eine tragische Komödie. Neufassung 1980.
© *1998 Diogenes Verlag AG Zürich, S. 121 f.,* R

Name:	Kurs:	Datum:

Texte in Beziehung setzen

1 Skizzieren Sie den unmittelbaren Handlungszusammenhang, der zum Verständnis des folgenden Textauszugs aus Dürrenmatts „Besuch der alten Dame" notwendig ist.

2 Analysieren und interpretieren Sie den Textauszug. Berücksichtigen Sie dabei die sprachliche und szenische Gestaltung.

3 Vergleichen Sie anschließend die Situation und die Verhaltensweisen von Ill und den Güllenern mit denen der Figuren in Kafkas Parabel „Kleine Fabel".

Friedrich Dürrenmatt: Der Besuch der alten Dame

ILL *leise*: Warum seid ihr alle hier?

DER POLIZIST: Was wollen Sie denn noch?

DER BAHNHOFVORSTAND: Einsteigen!

ILL: Was schart ihr euch um mich?

5 DER BÜRGERMEISTER: Wir scharen uns doch gar nicht um Sie.

ILL: Macht Platz!

DER LEHRER: Aber wir haben doch Platz gemacht.

ALLE: Wir haben Platz gemacht, wir haben Platz

10 gemacht!

ILL: Einer wird mich zurückhalten.

DER POLIZIST: Unsinn. Sie brauchen nur in den Zug zu steigen, um zu sehen, daß dies Unsinn ist.

ILL: Geht weg!

15 *Niemand rührt sich. Einige stehen da, die Hände in den Hosentaschen.*

DER BÜRGERMEISTER: Ich weiß nicht, was Sie wollen. Es ist an Ihnen, fortzugehen. Steigen Sie nun in den Zug.

20 ILL: Geht weg!

DER LEHRER: Ihre Furcht ist einfach lächerlich.

Ill fällt auf die Knie.

ILL: Warum seid ihr so nah bei mir!

DER ARZT: Der Mann ist verrückt geworden.

25 ILL: Ihr wollt mich zurückhalten.

DER BÜRGERMEISTER: Steigen Sie doch ein!

ALLE: Steigen Sie doch ein! Steigen Sie doch ein!

Schweigen.

ILL *leise*: Einer wird mich zurückhalten, wenn ich den Zug besteige. 30

ALLE *beteuernd*: Niemand! Niemand!

ILL: Ich weiß es.

DER POLIZIST: Es ist höchste Zeit.

DER LEHRER: Besteigen Sie endlich den Zug, guter Mann. 35

ILL: Ich weiß es! Einer wird mich zurückhalten! Einer wird mich zurückhalten!

DER BAHNHOFVORSTAND: Abfahrt!

Er hebt die Kelle, der Kondukteur markiert Aufspringen, und Ill bedeckt, zusammengebrochen, 40 *von den Güllenern umgeben, sein Gesicht mit den Händen.*

DER POLIZIST: Sehen Sie! Da ist er Ihnen davongerumpelt!

Alle verlassen den zusammengebrochenen Ill, gehen 45 *nach hinten, langsam, verschwinden.*

ILL: Ich bin verloren!

Friedrich Dürrenmatt: Der Besuch der alten Dame.
Eine tragische Komödie. Neufassung 1980.
© 1998 Diogenes Verlag AG Zürich, S. 83–85, R

Franz Kafka: Kleine Fabel

„Ach", sagte die Maus, „die Welt wird enger mit jedem Tag. Zuerst war sie so breit, dass ich Angst hatte, ich lief weiter und war glücklich, dass ich endlich rechts und links in der Ferne Mauern sah, aber diese langen Mauern eilen so schnell aufeinander zu, dass ich schon im letzten Zimmer bin, und dort im Winkel steht die Falle, in die ich laufe." – „Du musst nur die Laufrichtung ändern", sagte die Katze und fraß sie.

Franz Kafka: Die Erzählungen. Frankfurt am Main:
S. Fischer 1961, S. 326

Didaktischer Kommentar

Die folgenden Kopiervorlagen können in der vorgelegten Reihenfolge als in sich geschlossene Unterrichtseinheit genutzt werden. Vorausgesetzt wird dafür die häusliche Lektüre des Dramas. Selbstverständlich können die einzelnen Arbeitsblätter je nach Unterrichtsgestaltung auch selektiv verwendet und beispielsweise für eine chronologische Erarbeitung des Dramas genutzt werden.

Einstieg

Beide Kopiervorlagen setzen Textkenntnisse nicht zwingend voraus, denn sie dienen dem Aufbau einer Rezeptionserwartung. Die Aufgaben können jedoch auch bearbeitet werden, wenn der gesamte Text bereits gelesen ist. So wird mit dem Blatt *Ankommen und abfahren – Anfang und Schluss gegenüberstellen* (S. 5) bereits die Ringkomposition des Stückes angedeutet. Die Kopiervorlage *Geflügelte Worte – Themen herausarbeiten* (S. 6) ermöglicht die Auseinandersetzung mit ausgewählten Zitaten, um anhand dieser verschiedene Themen des Stückes zu spezifizieren.

Inhaltssicherung

Die Kopiervorlage *Besucher und Besuchte – Die Figurenkonstellation bestimmen* (S. 7), die die Erarbeitung einer Figurenübersicht verlangt, kann auch eingesetzt werden, um die Textkenntnisse der Schüler/innen zu sichern, denn neben der Veranschaulichung der Figurenbeziehungen sind auf der Grundlage des gesamten Stückes kurze Informationstexte zu den Figuren zu formulieren. Abschließend sollen ausgewählte Figurenbeziehungen mit Hilfe von Standbildern veranschaulicht werden. So kann die Entwicklung, die die Hauptfigur Alfred Ill durchläuft, erfahrbar gemacht werden.

Figuren

Mit einer Einführung in Dürrenmatts Figurenkonzeption (*Tragische Helden – Die Figurenkonzeption verstehen*, S. 8) anhand eines theoretischen Textes beginnt die vertiefte Auseinandersetzung mit den Figuren des Stückes.

Dabei werden die Hauptfiguren Alfred Ill und Claire Zachanassian zunächst einzeln betrachtet (*Claire Zachanassian – Rollenzuschreibungen vergleichen*, S. 9 f.; *Alfred Ill – Eine Figur genauer betrachten*, S. 11): Die Titelfigur wird sowohl in Beziehung zu dem zeitgenössischen Frauenbild gesetzt wie auch in den verschiedenen Rollen untersucht, die ihr innerhalb des Stückes zugewiesen werden. Mit Hilfe eines Ratings nähern sich die Schüler/innen Alfred Ill, um anschließend dessen Beziehung zu der Milliardärin

zu analysieren (*Panther und Wildkätzchen – Die Figurenbeziehung untersuchen*, S. 12).

Die Nebenfigur des Bürgermeisters rückt mit dem Arbeitsblatt *Ill und der Bürgermeister – Ein Gespräch analysieren* (S. 13 f.) ins Zentrum, das zu einer Gesprächsanalyse anleitet und damit methodisch eine der beiden Klausuren vorbereitet.

Handlung

Das Arbeitsblatt *Die Bedrohung wächst – Die Zuspitzung des Konflikts darstellen* (S. 15) entwickelt anhand einer Gegenüberstellung der zwei Handlungsebenen den Spannungsaufbau im Verlauf des zweiten Akts. Hier werden die Schüler/innen angeleitet, ihre Untersuchungsergebnisse grafisch darzustellen.

Mit dem Ende des Stückes beschäftigt sich die Kopiervorlage *Schuld und Verantwortung – Den Schluss untersuchen* (S. 16), wobei vor allem zu ermitteln ist, welche Rolle die Güllener in der das Stück abschließenden Mordszene spielen. Ein Sekundärtext zum Zusammenhang von Schuld und Norm hilft, die Frage nach der Schuld zu beantworten.

Thematische Aspekte

Das Arbeitsblatt *„Wir kennen keine Geheimnisse in unserer Familie" – Subtexte formulieren* (S. 17) fordert die Schüler/innen auf, mit Hilfe der Methode des Subtextes die Strukturen von Ills Familie herauszuarbeiten und sie im historischen Kontext zu deuten. Das Thema Scheinheiligkeit ist bereits in dieser kleinsten Einheit der gesellschaftlichen Strukturen angelegt.

Der Zusammenhang von Konjunktur und Moral steht im Mittelpunkt der Arbeitsblätter *„Konjunktur für eine Leiche" – Sachverhalte visualisieren* (S. 18) und *Marktwirtschaft und Moral – Informationen hinzuziehen* (S. 19 f.). Fotografien von zwei Gabentischen, die einen Eindruck von der Nachkriegszeit und dem späteren wirtschaftlichen Aufschwung vermitteln, sind zu beschreiben und in Beziehung zu dem Stück zu setzen. Die Konjunkturbewegung Güllens soll zudem grafisch dargestellt werden. Ausgehend von einem Sachtext, in dem die sich wandelnden wirtschaftlichen Phasen im 20. Jahrhundert erläutert werden, ist der Zusammenhang von Konjunktur und Moral zu diskutieren.

Das Arbeitsblatt *Recht und Gerechtigkeit – Ein Thema erarbeiten* (S. 21) bietet eine soziologische Definition des Begriffs „Recht" und enthält Dürrenmatts Überlegungen zum Begriff „Gerechtigkeit", von denen ausgehend das Verhältnis von Recht und Gerechtigkeit zu bestimmen ist. Anschließend ist zu formulieren, welche Vorstellung von Gerechtigkeit die Titelfigur, die Güllener sowie Alfred Ill vertreten.

Den religiösen Anspielungen auf die Kreuzigung Jesu Christi widmet sich das Arbeitsblatt *Ill als Märtyrer? – Religiöse Bezüge verstehen* (S. 22), indem auf der Grundlage von Textauszügen aus dem Stück und der Bibel die Figur Alfred Ill in Bezug zu Jesus Christus gesetzt wird.

Sprachliche und dramaturgische Gestaltung

Gattungstheoretische Fragen stehen im Vordergrund der Kopiervorlage *„Uns kommt nur noch die Komödie bei" – Die Gattungsfrage klären* (S. 23 f.). Dabei werden literaturwissenschaftliche Definitionen Dürrenmatts eigenen Ausführungen zum Verhältnis von Tragödie und Komödie im 20. Jahrhundert gegenübergestellt und in Bezug zu dem Stück gesetzt. Die Kopiervorlage kann auch benutzt werden, um einen Überblick über die Handlung zu verschaffen, denn die Handlung der drei Akte ist hier darzustellen. Die Kommunikation der blinden Eunuchen ist Thema der Kopiervorlage *Koby und Loby – Kommunikation analysieren und reflektieren* (S. 25). Dabei werden die Schüler/innen schrittweise dazu angeleitet, verbale und nonverbale Auffälligkeiten zu beschreiben und ihre Funktion zu erkennen.

Das Arbeitsblatt *Schwarz und Gelb – Symbole deuten* (S. 26) dient der Auseinandersetzung mit dem symbolischen Gehalt des Stückes. Zum einen wird die symbolische Bedeutung verschiedener Gegenstände betrachtet, zum anderen die Farbsymbolik untersucht. Das Arbeitsblatt *Das Groteske – Den Stil untersuchen* (S. 27) beginnt mit einer literaturwissenschaftlichen Definition des Grotesken, die an die Bedürfnisse des Stückes angepasst werden soll. Anhand der Ankunftsszene werden groteske Elemente des Textes herausgearbeitet. Abschließend wird den Schülerinnen und Schülern Dürrenmatts Definition des Grotesken vorgestellt, um darauf aufbauend die Wirkung dieses dramaturgischen Mittels zu beschreiben.

Rezeption und Produktion

Die Kopiervorlage *Güllen ist Düsseldorf – Eine Inszenierung diskutieren* (S. 28 f.) setzt sich mit einer das Stück aktualisierenden und dabei vom Original stark abweichenden Inszenierung des Düsseldorfer Schauspielhauses auseinander. Es wird eine Rezension vorgestellt, die den Schülerinnen und Schülern ermöglicht, das Inszenierungskonzept des Regisseurs zu diskutieren. Beiträge aus einem Internetforum zeigen, wie unterschiedlich die Düsseldorfer Inszenierung von dem Publikum wahrgenommen wird. Zugleich werden die Schüler/innen hier aufgefordert, die Besonderheiten der Chatbeiträge herauszuarbeiten und diese Kommunikationsform formal zu bestimmen.

Das Arbeitsblatt *Die Verfilmung – Eine Szene mit filmischen Mitteln ausgestalten* (S. 30) basiert auf der neuesten Verfilmung des Dramas von 2008. Exemplarisch für die spezifischen Anforderungen einer Verfilmung und die Veränderungen gegenüber der Vorlage wird hier die Eingangssequenz anhand von Standbildern präsentiert. In einer produktiven Aufgabe soll die Rede des Lehrers von den Schülerinnen und Schülern in ein Einstellungsprotokoll umgesetzt werden.

Vorschläge für Klausuren

Die Rede des Lehrers, die bereits Gegenstand im Zusammenhang mit der Verfilmung des Stückes ist, ist in dem Klausurvorschlag *Dramenszenen beschreiben und deuten* (S. 31) auf analytische Weise zu untersuchen. Methodisch vorbereitet wird diese Klausur mit den Arbeitsblättern S. 13 f., die die Schüler/innen zu einer Gesprächsanalyse anleiten. Der zweite Klausurvorschlag *Texte in Beziehung setzen* (S. 32) enthält die Szene, in der Alfred Ill erkennt, dass er den Güllenern ausgeliefert ist. Der Textauszug ist zu analysieren und interpretieren und abschließend in Beziehung zu Kafkas „Kleiner Fabel" zu setzen.

Lösungen

Ankommen und abfahren – Anfang und Schluss gegenüberstellen   ▶ S. 5

1

Ankommen – Die Anfangsszene		
Der Ort	Zitat 10, S. 13	verarmte, heruntergekommene Kleinstadt; sprechender Name
Die Infrastruktur	Zitat 7, S. 14	Kleinstadt abgeschnitten von der Welt und der Wirtschaft
Die Bewohner	Zitat 12, S. 14	Essen zeigt Armut, Lebensumstände unter Armut
	Zitat 11, S. 16	Kleidung zeigt Armut und Verwahrlosung wie Gebäude
Das Verhältnis der Bewohner zu Claire Zachanassian	Zitat 3, S. 18	Hoffnung auf Rettung durch den Einsatz / das Vermögen der Milliardärin
	Zitat 9, S. 18	Hoffnung auf Freundschaft oder vermutete Liebesbeziehung von Ill und Milliardärin
Abfahren – Die Schlussszene		
Der Ort	Zitat 8, S. 131	moderne, technisch innovative und reiche Stadt
Die Infrastruktur	Zitat 4, S. 134	Anbindung an die große Welt
Die Bewohner	Zitat 2, S. 132	edle und angemessene Kleidung drückt Wohlstand aus
	Zitat 6, S. 133	wirtschaftlicher Erfolg statt Arbeitslosigkeit in allen Berufssparten
Das Verhältnis der Bewohner zu Claire Zachanassian	Zitat 5, S. 134	Milliardärin als Retterin vergöttert / wie eine Götterstatue verabschiedet
	Zitat 1, S. 134	neben wirtschaftlichem Erfolg ein Toter

2 Es müssten Hinweise auf die Entsprechung von wirtschaftlichem und moralischem Verfall erfolgen, da die Schüler/innen nach der Lektüre über Textkenntnisse verfügen, die den Grund für Ills Tod („Güllen für einen Mord, Konjunktur für eine Leiche", S. 91) und die Schuld der Güllener verdeutlichen.

„Geflügelte Worte" – Themen herausarbeiten   ▶ S. 6

1

Zitat	Akt, Seite	Figur	Thema/Konflikt
Leben von der Arbeitslosenunterstützung.	I, S. 14	Der Dritte	Arbeitslosigkeit
Das Land floriert, und ausgerechnet Güllen mit der Platz-an-der-Sonne-Hütte geht bankrott.	I, S. 16	Der Pfändungs-beamte	Armut
Ich liebe dich doch!	I, S. 39	Ill	Liebe
Ich gebe euch eine Milliarde und kaufe mir dafür die Gerechtigkeit. / Man kann alles kaufen.	I, S. 45	Claire Zachanassian	Gerechtigkeit/Rache
Die Gerechtigkeit kann man doch nicht kaufen!	I, S. 45	Der Bürger-meister	Bestechlichkeit und Gerechtigkeit
Eine Milliarde für Güllen, wenn jemand Alfred Ill tötet.	I, S. 49	Claire Zachanassian	Geld/Kapital
Man soll nicht die Menschen fürchten, sondern Gott, nicht den Tod des Leibes, den der Seele.	II, S. 74	Der Pfarrer	Tod/Sünde und Schuld, Gewissen, Reue
Güllen für einen Mord, Konjunktur für eine Leiche.	III, S. 91	Claire Zachanassian	Mord/Rache

Zitat	Akt, Seite	Figur	Thema/Konflikt
Geld allein macht nicht glücklich.	III, S. 97	Frau III	Geld und Reichtum – Glück und Zufriedenheit
Wir kennen keine Geheimnisse in unserer Familie.	III, S. 98	Frau III	Familie
Es wäre doch nun eigentlich Ihre Pflicht, mit Ihrem Leben Schluß zu machen, als Ehrenmann die Konsequenzen zu ziehen, finden Sie nicht?	III, S. 108	Der Bürger-meister	Opfer
Steh auf, du Schwein.	III, S. 129	Der Polizist	Gewalt

Die Zitate stammen aus: Friedrich Dürrenmatt: Der Besuch der alten Dame. Eine tragische Komödie.
Neufassung 1980. © 1998 Diogenes Verlag AG Zürich, R̄

Besucher und Besuchte – Die Figurenkonstellation bestimmen   ▶ S. 7

1

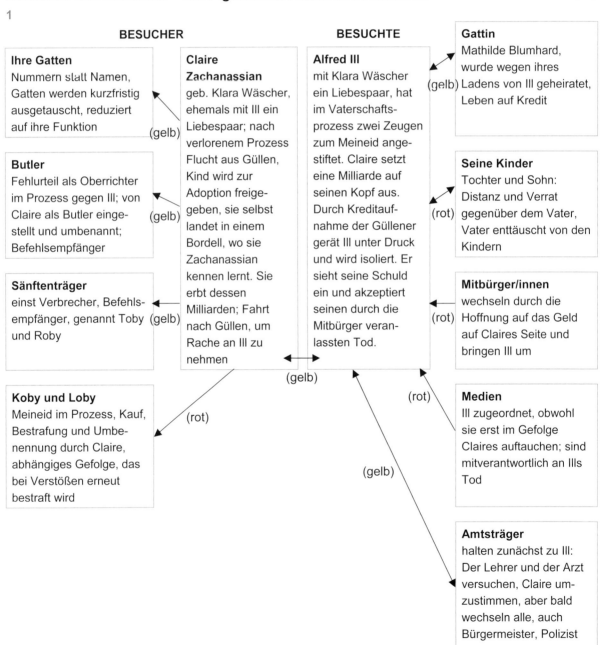

2 Folgendes sollten die Bilder zum Ausdruck bringen: Claire bezieht die Güllener in ihren Rachefeldzug ein, indem sie für Ills Tod Geld bietet, und macht sie zum ausführenden Instrument. Zunächst ist Ill anerkannt, denn die Güllener setzen alle ihre Hoffnungen in ihn. Nachdem sie erkennen, dass Claire von ihrer Forderung nicht abzubringen ist, distanzieren sie sich von Ill. Die ihm angetragenen Ämter werden zurückgenommen, er ist isoliert, schließlich wird ihm nahegelegt, sich umzubringen, was er jedoch verweigert, sodass die Bürger diese Tat selbst vollbringen müssen.

Tragische Helden – Die Figurenkonzeption verstehen   ▷ S. 8

1 *Mögliche Kernaussagen:*
  - „Der Held eines Theaterstückes treibt nicht nur eine Handlung vorwärts oder erleidet ein bestimmtes Schicksal, sondern stellt auch eine Welt dar."
  - „Die echten Repräsentanten fehlen, und die tragischen Helden sind ohne Namen."
  Argumente:
  - „Der heutige Staat ist jedoch unüberschaubar, anonym, bürokratisch geworden […]."
  - „Mit einem kleinen Schieber, mit einem Kanzlisten, mit einem Polizisten läßt sich die heutige Welt besser wiedergeben als mit einem Bundesrat, als mit einem Bundeskanzler."

Die Voraussetzungen für tragische Helden sind nicht mehr gegeben; gesellschaftliche Strukturen und Staaten werden in der Gegenwart nicht mehr durch (große) Individuen verändert bzw. bestimmt, sondern durch anonyme Strukturen. Die moderne Welt lässt daher keine Einzelhelden mehr zu, denn der Einzelne bestimmt nicht mehr den Lauf der Welt oder der Gesellschaft. So sieht Dürrenmatts Figurenkonzeption namenlose Typen statt großer Helden wie in der Tragödie vor.

2 Die Figuren sind symmetrisch angeordnet in die Gruppen „Die Besucher", „Die Besuchten", „Die Sonstigen" und „Die Lästigen" (dargestellt durch Modell Nr. 3). Dabei gruppieren sich die Figuren um zwei Hauptfiguren, die jeweils an erster Stelle stehen: Claire Zachanassian und Ill als die eigentlichen Gegenspieler.

3 Durch den Verzicht auf individuelle Namen werden die Figuren auf ihre Funktion reduziert und als Typen und Teil des Kollektivs der Besuchten gegenüber Ill als Individuum dargestellt. Der Polizist stellt sich selbst als „Polizeiwachtmeister Hahncke" vor (S. 28), der Arzt wird vom Bürgermeister als „Doktor Nüßlin, unser Arzt" vorgestellt (S. 30). Gatten und Diener sind auf Grund von Nummerierung und Reim auswechselbar.

Claire Zachanassian – Rollenzuschreibungen vergleichen   ▷ S. 9 f.

1 *Rolle der Frauen:* Kindererziehung, Hausfrau, ihr wesentlicher Bereich ist der private Bereich, ihr wesentlicher Raum der private Raum
  Claire bricht mit den Erwartungen: Sie zeigt dominantes, ihren Willen durchsetzendes Verhalten, erteilt ihren Gatten Befehle, hat mehrfach geheiratet, Vorgeschichte als Prostituierte, gibt ihr Kind zur Adoption frei.

3 *Götzenbild:* synthetischer Körper, der fast nur aus künstlichen, leblosen Prothesen besteht; überlebt Flugzeugabsturz (Unsterblichkeit) (S. 39 f.); überwacht das Geschehen vom Balkon aus; „unbeweglich, als altes Götzenbild aus Stein" (S. 134); greift von außen in die Handlung ein und bringt sie durch ihr Angebot in Gang; verhält sich unmenschlich.
  Medea: veranschaulicht das Motiv der rücksichtslosen Rache; Angebot an den Oberrichter von Güllen, den sie dazu bringt, als Butler in ihre Dienste zu treten; lässt die beiden bestochenen Zeugen blenden und kastrieren; zerstört die wirtschaftliche Infrastruktur Güllens dadurch, dass sie die Werke aufkauft und stilllegen lässt; setzt auf Ills Tod eine Milliarde aus.
  Hure: Weg ins Bordell, Heirat Zachanassians wegen seines Vermögens, permanentes Auswechseln ihrer Männer, betrachtet Menschen fast ausschließlich unter dem Aspekt ihres materiellen Wertes und ihrer Verwendbarkeit für ihre Absichten; demgegenüber Liebe zu Ill, die sie bei der letzten Begegnung mit Ill durchscheinen lässt; sie bringt seine Leiche in den Park ihres Palastes auf Capri, um ihn jetzt immer in ihrer Nähe zu haben.
  Parze/Klotho: Claire leitet alle Vorgänge in die Wege, um Ills Tod zu erreichen. In der ersten Szene des dritten Akts tritt sie in den „riesige[n] Spinnweben" (S. 86) auf wie eine Spinne, die auf ihr Opfer wartet.

4 Claire wirkt wie ein Katalysator, durch den das unmoralische Verhalten der Güllener erst sichtbar gemacht wird. Durch sie wird die dramatische Handlung erst in Gang gebracht und der dramatische Konflikt ausgelöst.

Alfred Ill – Eine Figur genauer betrachten ▶ S. 11

1 Alfred Ill ist beliebt, anerkannt und von sich überzeugt, er ist ein Schmeichler, verstellt sich gegenüber Claire, verdrängt die Vergangenheit.

2

	trifft nicht zu	trifft zu
Ill verändert sich im Lauf des Dramas.		X
Ill lernt aus seiner Vorgeschichte.		X
Ill akzeptiert seinen Tod.		X
Ill ist Opfer und Sieger.		X
Ills Tod ist sinnvoll.	X	
Ill erkennt seine Gefährdung.		X
Es gibt keinen direkten Zusammenhang zwischen der Einsicht, schuldig zu sein, und der Tatsache, dass er den Tod akzeptiert.	X	

3 Dürrenmatts Beschreibung der Figur trifft die Entwicklung, die Ill durchmacht: Als junger Mensch ist er auf seinen eigenen Vorteil bedacht, noch bei Claires Ankunft ist er sich der Ausmaße seines früheren Handelns nicht bewusst. Erst durch die Isolation, in die er nach Claires Angebot gerät, und die Todesangst erkennt er seine Schuld und akzeptiert seinen Tod als gerechte Strafe. Diese Einsicht hebt ihn von den anderen ab. Damit erscheint er als Sieger und Opfer.

Panther und Wildkätzchen – Die Figurenbeziehung untersuchen ▶ S. 12

1 *Alfred Ill:* fast 65 Jahre, wenig erfolgreicher Kleinwarenhändler, Kleidung schäbig, verheiratet, zwei Kinder, abgesehen von einer Reise nach Berlin und ins Tessin nicht aus Güllen herausgekommen, einst Liebesbeziehung mit Klara Wäscher, leugnet die Vaterschaft des gemeinsamen unehelichen Kindes vor Gericht, Klara verliert den Prozess und verlässt Güllen. Durch Klaras Rückkehr und ihre finanziellen Möglichkeiten steht die Möglichkeit offen, Nachfolger des derzeit amtierenden Bürgermeisters zu werden, denn Ill ist beliebt.
Claire Zachanassian: geborene Klara Wäscher, 62 Jahre alt, Multimilliardärin, Geschäftsfrau, rothaarig, trägt viel Schmuck, ihr Äußeres wirkt grotesk, nach einem Autounfall ist ihr linkes Bein amputiert und sie trägt eine Prothese aus Elfenbein; frühere Dorfschönheit, Liebesbeziehung mit Alfred Ill, nach dem verlorenen Prozess flieht sie hochschwanger nach Hamburg, ihr Kind gibt sie zur Adoption frei, sie selbst landet in einem Bordell, wo sie Zachanassian kennen lernt und heiratet. Nach dessen Tod erbt sie dessen Milliarden, mit denen sie die Stadt Güllen aufkauft und in den Bankrott treibt; sie heiratet weitere sechs Male, mit dem siebten Ehemann Fahrt nach Güllen, um Rache an Ill zu nehmen. Da sie als reichste Frau der Welt und Wohltäterin gilt, sieht Güllen in ihr die Rettung.

2

Aussage	trifft zu	trifft nicht zu	Begründung
ILL: [...] Sehen Sie, Herr Lehrer, die habe ich im Sack. (S. 25)		X	Claire lässt sich auf Ills Schmeicheleien nicht ein.
ILL: [...] Das Leben trennte uns, nur das Leben, wie es eben kommt. (S. 18)		X	Ill heiratet eine andere und verleumdet Claire im Prozess, woraufhin sie flieht.
ILL: Wir waren die besten Freunde. (S. 18)	X		Beide waren ein Paar, bis Ill Claire verriet, woraufhin sie Rache schwor.
DER POLIZIST: [...] War da eben mit der Milliardärin und dem Krämer Ill in der Peterschen Scheune. Eine rührende Szene. Die beiden waren andächtig wie in einer Kirche. (S. 34)		X	Die Stimmung ist angespannt: Ill versucht es mit Schmeicheleien, auf die Claire nicht eingeht.
DER BÜRGERMEISTER: [...] Wildkätzchen, Zauberhexchen hat er sie genannt, Millionen wird er aus ihr schöpfen. (S. 33)		X	Ill muss erkennen, dass Claire ihm nicht verzeihen wird.

Friedrich Dürrenmatt: Der Besuch der alten Dame. Eine tragische Komödie. Neufassung 1980. © 1998 Diogenes Verlag AG Zürich, R

3 *schmeicheln/lügen:* „Dir zuliebe habe ich Mathilde Blumhard geheiratet." (S. 37); „Dieselbe kühle weiße Hand." (S. 39)
   Mitleid erregen: „Ich lebe in einer Hölle, seit du von mir gegangen bist". (S. 38); „Ich führe ein lächerliches Leben." (S. 38)
   entlarven: „Sie hatte Geld." (S. 37); „Irrtum." (S. 39)

4 Ill versucht, durch verlogene Schmeicheleien die alte Vertraulichkeit wieder herzustellen. Doch in dem Gespräch wird die gemeinsame Vorgeschichte deutlich und damit Ills Schuld, die er zunächst leugnet. Claire lässt sich nicht auf Ills Verstellungen und Lügen ein. Ill ist damit Claire unterlegen, die in diesem Gespräch ihre Unabhängigkeit zeigt, auf die Ill vergeblich mit verschiedenen Strategien zu reagieren versucht.

Ill und der Bürgermeister – Ein Gespräch analysieren   ▶ S. 13 f.

1 *Verhältnis der Gesprächspartner, Art des Gesprächs:* „Bürgermeister kommt" (Z. 1), „Revolver" (Z. 1), „Nehmen Sie Platz." (Z. 44), „Ill bleibt stehen, blickt auf den Revolver." (Z. 47), „Ich verlange den Schutz der Behörde." (Z. 37), „Wenden Sie sich an die Polizei" (Z. 42). Ill bittet um Hilfe, doch die wird ihm verwehrt. Es liegt eine asymmetrische Kommunikationssituation vor, der Bürgermeister verfügt über Macht, Ill fühlt sich bedroht.
   Ort, Requisiten: „Pult" (Z. 1), „Revolver" (Z. 1), „eine blonde Pegasus (Z. 19), „neue Krawatte" (Z. 26), „Bauplan" (Z. 1): Der Amtssitz zeigt den Bürgermeister als mächtigen Repräsentanten der Gemeinde, der in die Zukunft plant. Er streitet zwar Ills Bedrohung ab, doch die Requisiten entlarven ihn.
   Sprechabsicht 1: Der Bürgermeister stellt Vertraulichkeit her, doch Ill wirft ihm indirekt Verrat vor: Ellipsen, knappe Sprache.
   Sprechabsicht 2: Ills Anklage des Polizisten, Heucheln des Bürgermeisters: verkrampfter hoher Stil, Fachsprache der philosophischen Ethik, pseudomoralische Referenzen sowie Euphemismen.

2 Der Bürgermeister verweigert Ill die Unterstützung, indem er Ills Verhalten als unmoralisch darstellt und sich selbst so zunehmend die Legitimation verschafft, Claires Angebot anzunehmen. Durchgehend wird hier deutlich, dass sich Worte und Taten der Güllener widersprechen, keiner sagt, was er meint. Es gilt für Wort und Tat der Sachverhalt der Doppelmoral.

Die Bedrohung wächst – Die Zuspitzung des Konflikts darstellen   ▶ S. 15

1

Ill im Laden im Städtchen

Claire auf dem Balkon

Gegensätze und Entsprechungen: Claire steht ruhig auf dem Balkon – Ill ist in Bewegung; Konsum der Güllener = Claires Konsum; Voraussetzung für Ermordung Ills; Raubtierjagd – Ills verhinderte Flucht; Konsumjagd – Ingangsetzen der Jagd auf Ill

2 Der Zusatztext veranschaulicht, dass Werbung zu Konsum auffordert und Banken dies fördern. Soziales Ansehen erscheint käuflich. Doch Schulden beeinträchtigen die sozialen Beziehungen und führen dazu, dass man die Kontrolle über seine Person verliert. Diese These wird im zweiten Akt bestätigt. Denn mit zunehmendem Konsum und wachsender Verschuldung drängen die Güllener Alfred Ill in die Enge: Sie werden zu Jägern.

Schuld und Verantwortung – Den Schluss untersuchen ▶ S. 16

1 *Die Güllener:* Die Reaktion des Lehrers entspricht im zweiten Akt einerseits den durch ein schlechtes Gewissen entstehenden Selbstvorwürfen, andererseits entsprechen die in seiner Rede (S. 121) geäußerten Vorstellungen einer Umwertung der von ihm ursprünglich vertretenen Normen: Das materielle Angebot der alten Dame und der Mord werden gerechtfertigt als angemessene Strafe für die Verfehlungen Ills (S. 121). Der Bürgermeister verweist wiederholt auf Ills vorausgegangene Verfehlung und auf die Priorität übergeordneter Ziele und Werte („abendländische Prinzipien"). Als er Ill zum Selbstmord bringen möchte, bezieht er sich auf übergeordnete Ziele und Werte und verweist auf berechtigte eigene Interessen („Ehrenmann", „Vaterstadt", „Gemeinschaftsgefühl", S. 108). Auch er vertritt schließlich dasselbe Argumentationsmuster wie der Lehrer („Nicht des Geldes – […] sondern der Gerechtigkeit wegen", S. 126), das die Gemeinde ihm unmittelbar nachbetet.
Der Pfarrer ist sich durchaus seiner Schuld bewusst, zeigt Schuldgefühle, verweist aber auf die für ihn höhere Instanz Gottes: „Flieh, führe uns nicht in Versuchung" (S. 76). „Beten Sie für Güllen – Gott sei uns gnädig" (S. 128).

Die Presse:
S. 119: Die Gemeindeversammlung ist eigentlich eine Gerichtsversammlung, auf der Ill zum Tod verurteilt wird.
S. 120: Claire Zachanassian bietet aus Rache eine Milliarde für den Tod/Mord an Ill.
S. 124: Verschwörung zum Mord an Ill, der vor Todesangst regungslos sitzt.
Die Presse inszeniert mediale Wirklichkeit. Sie ist insofern schuld am Tod Ills, als sie sich zur Hilfe bei der Inszenierung und Durchführung des Mordes macht und dort wegsieht, anstatt zu informieren und aufzuklären.

2 Normen sind Wertevorstellungen, die Rechte, Pflichten, Umgangsformen usw. in einer Gesellschaft festlegen. Diese Normen werden z. B. von der Familie, der Gruppe u. a. vermittelt und sanktioniert. Sobald die Überzeugung, dass eine Norm richtig ist, verinnerlicht ist, führt eine ungerechtfertigte Abweichung zu schlechtem Gewissen in Form von Selbstvorwürfen und zu Schuldgefühlen.

3 Claires Handlungsmotiv ist Rache an Ill und allen anderen Beteiligten für das als junge Frau erlittene Unrecht. Sie rechtfertigt ihr eigenes Handeln „als Strafe und Vergeltung für eine vorausgehende Verfehlung". Sie sieht sich zwar als verantwortlich „für Nachteile, Verluste und Schädigungen anderer durch eigenes Handeln", bei ihr kann jedoch nicht von Schuld bzw. Schuldgefühlen gesprochen werden. Der Normverstoß Mord bzw. Auftrag zum Mord wird in einer Umwertung der geltenden institutionellen Normen zur Gerechtigkeit erklärt.

„Wir kennen keine Geheimnisse in unserer Familie" – Subtexte formulieren ▶ S. 17

1 *Zur Abbildung:* eng aufeinander bezogene Mitglieder, liebevolle Beziehung, Familie als geschlossenes System nach innen gegenüber Außenwelt
Zum Text: geregeltes Verhalten, orientiert an Gesellschaftsnormen, bedacht auf positive Außenwirkung

2 *Ill:* wollte sich mit Heirat absichern, sozialen Aufstieg sichern, Problem der materiellen Armut und Enge, muss sich jetzt damit auseinandersetzen, dass er möglicherweise eine Fehlentscheidung getroffen hat
Frau Ill: Hinweis auf Frustration durch die Konfrontation mit der Vorgeschichte ihres Mannes (voreheliche Beziehung zu Klara Wäscher, uneheliches Kind, Meineid bei der Vaterschaftsklage), entzieht sich zunehmend. Auch sie hofft auf materielle Verbesserung, nimmt dabei auch Verrat (Geheimnis vor ihrem Mann) in Kauf.

Der Sohn: Hinweis auf Distanz zum Vater. Sinngemäß etwa „Ich mache mein eigenes Ding, soll der doch sehen, wie er selbst klarkommt.", „Ich will auch etwas vom Leben haben."
Die Tochter: Hinweis auf materialistisches Denken, Distanz zum Vater, sinngemäß etwa: „Ich habe noch etwas vor in meinem Leben."

3 Der Widerspruch zwischen Schein und Sein, zwischen geäußerten Worten und tatsächlichem Verhalten, ist selbst bei III zu beobachten. Das betrifft die Vorgeschichte der Heirat, die er gegenüber Claire heruntersetzt, die auf ausschließlich materiellem Interesse beruht. Beziehungslosigkeit ist bereits in der Vorgeschichte angelegt, die Ehe ist trotz gegenteiliger Behauptung von Frau III (S. 97 „Aus Liebe") eine Zweckehe, basierend auf materiellen Interessen. Es herrscht Bemühen, den gesellschaftlichen Normen entsprechend nach außen hin den Schein einer perfekt funktionierenden Familienidylle aufrechtzuerhalten, Konflikte zwischen den Ehepartnern oder zwischen Eltern und Kindern zu unterschlagen.

„Konjunktur für eine Leiche" – Sachverhalte visualisieren   ▶ S. 18

1 Der Gabentisch von 1947 ist wegen des Zweiten Weltkriegs weniger umfangreich und reduziert auf Gebrauchsgegenstände (funktionale Kleidung) und Lebensmittel. Der Gabentisch von 1957 ist auf Grund der positiven wirtschaftlichen Entwicklung wesentlich umfangreicher und bietet erste nicht notwendige Konsumgüter.

Dem Gabentisch von 1947 zuzuordnen sind: schäbige Kleidung (S. 16), Schnaps (S. 57), hiesiges Bier (S. 64).
Dem Gabentisch von 1957 zuzuordnen sind: Vollmilch, Butter, Weißbrot, Schokolade (S. 54 f.), Kognak (S. 57), gelbe Schuhe (S. 59), Radio (S. 64), Pilsner Bier (S. 64), Goldzahn und medizinische Versorgung (S. 69), Seidenkrawatte (S. 68), Waschmaschine (S. 74), Fernsehapparat (S. 75), Zigaretten/Chesterfield (S. 91 f.), Auto (S. 104, 110, 111), Pelzmantel (S. 104), Abendkleid/rotes Kleid (S. 109).

2 Güllen ist ein heruntergekommenes ruiniertes Städtchen, wesentliche Bestandteile der Wirtschaft sind bankrott (Wagnerwerke, Bockmann, Platz-an-der-Sonne-Hütte), die meisten Güllener leben von der Arbeitslosenunterstützung und der Suppenanstalt. Die Rezession wurde von Claire selbst herbeigeführt, indem sie die Betriebe aufgekauft hat und sie stillgelegt hat. Der Aufschwung erfolgt im Verlauf des Stücks nach Claires Angebot an die Güllener. Die Aussicht auf die Milliarde führt zu steigendem Konsum, die Unternehmen Wagnerwerke und Bockmann produzieren wieder, die Stadt will sie übernehmen, die Konsumgüterindustrie (Autos) boomt, die Auftragslage selbst bei freien Künstlern (Maler) ist im Aufschwung.

Als es Güllen gut ging, gewann III den Vaterschaftsprozess mittels unmoralischer Methoden. Zum Zeitpunkt von Claires Angebot halten die Güllener noch zu III, distanzieren sich jedoch zunehmend und werten ihn als Täter moralisch ab, Claire wird als Opfer aufgewertet. Verbale Gewalt ist die Vorstufe zu körperlicher Gewalt.

Durch die Aussicht auf das Angebot Claires geben die Güllener ihren Bedürfnissen und ihrer Kauflust nach. Da sie alles als ungedeckten Kredit anschreiben lassen, müssen sie irgendwann bezahlen und haben auch durch die Höhe der Schulden gar keine andere Wahl, als auf Claires Angebot und ihre Bedingung dafür einzugehen.

Marktwirtschaft und Moral – Informationen hinzuziehen   ▶ S. 19 f.

1 • Hauptaussage: Wertvorstellungen hängen von der wirtschaftlichen Situation einer Gesellschaft ab.
  • Wertewandel anhand von drei Phasen in der Entwicklung der BRD nach dem Zweiten Weltkrieg
  • Erste Phase: Ideale basierend auf Leistung und Verzicht; Wertvorstellungen wie Fleiß, Sparsamkeit und Konsumverzicht
  • Zweite Phase: Länger andauernder Überfluss führt zu entgegengesetzten Werten wie Streben nach Selbstverwirklichung, Urlaub, Freizeit, Spaß.
  • Dritte Phase: Wirtschaftlich schwierige Phase der Globalisierung, in der Arbeitsplätze und der Wohlstand bedroht sind, führt zur Auflösung vertrauter Strukturen und der Vorstellungen aus Phase 2, ohne von denen aus Phase 1 abgelöst zu werden.

2

Erste Phase	Zweite Phase	Dritte Phase
Phase mit und nach dem Eintreffen von Claire: Noch gelten die „abendländischen Prinzipien" (S. 88), man lehnt Claires Angebot ab. Ill reiste nur ins Tessin und nach Berlin; Arbeit und Familie scheinen einen hohen Stellenwert zu besitzen (S. 52, 20, 51 f.).	Die Aussicht auf das Geld steigert den Konsum, wichtig werden Freizeit und Selbstverwirklichung: Die Tochter spielt Tennis, lernt Sprachen (S. 110), studiert Literatur (S. 111). Ills Tod wird gerechtfertigt, indem er als Täter abgewertet wird.	Diese Phase ist so nicht im Stück auszuweisen, obwohl der wirtschaftliche Niedergang als Voraussetzung für den Handlungsverlauf anzusehen ist. Der wirtschaftliche Niedergang wurde von Claire selbst herbeigeführt, indem sie die Betriebe aufgekauft und stillgelegt hat.

Fazit: Wirtschaftlicher Niedergang und Aufstieg sind auch im Stück die Voraussetzung dafür, dass gesellschaftliche Strukturen sich auflösen und veränderte Wertvorstellungen zu Tage treten.

3

Kategorien	Veränderungen
Handeln und Verhalten Ill gegenüber	Aussicht auf Geld führt zu zunehmender Ausgrenzung, Abwertung, Aggression bis hin zum Mord an Ill.
Geltung der humanistischen Werte	Umwertung z. B. der Vorstellung, Entscheidungen nach seinem Gewissen vorzunehmen (vgl. Verurteilung Ills „aus Gewissensnot", S. 93).
Ehe und Familie	Beziehungen werden aus materialistischen Gründen aufgenommen, die Beziehungen innerhalb dieser Institutionen materiell bestimmt und formal nach außen harmonisiert.
Verhalten anderen gegenüber	Auch das Verhalten gegenüber anderen, deren Auftreten nicht völlig konform ist wie z. B. das des Fräulein Luise, ist von Intoleranz geprägt.
Konsum, Urlaub, Freizeit, Spaß	zunehmender Vorrang des Konsums; Urlaub, Freizeit, Spaß sind als Kategorien zu erkennen, z. B. im Verhalten des Sohns (Vorrang der Freizeit gegenüber der Arbeitssuche) oder der Freizeitkultur der gesamten Gemeinde, wie sie während der Autofahrt oder im Schlusschor beschrieben wird (Kaffee-Hodel, Liebespaare überall, Fresslokal)

Recht und Gerechtigkeit – Ein Thema erarbeiten   ▶ S. 21

1 *Verhältnis von Recht und Gerechtigkeit:* Gerechtigkeit ist eine individuelle oder gesellschaftliche Vorstellung. Das Recht ist eine von der Gesellschaft festgelegte normative Vereinbarung, die die Verhältnisse und Handlungen der Menschen untereinander regelt. Es wird von staatlicher Autorität und durch die Rechtsprechung garantiert. Als Ausdruck geltender gesellschaftlicher Normen sorgt es für strafrechtliche Sanktionen bei Verstößen.
Gerechtigkeit (nach Dürrenmatt): Gerechtigkeit kann nur als Vorstellung innerhalb einer Gesellschaft von Menschen entstehen und nicht von einem einzelnen Menschen ausgehen. Die Freiheit des Individuums und die Anforderungen der anderen einer Gesellschaft kollidieren miteinander. Die Aufgabe einer Gesellschaft besteht darin, diese Freiheit des Einzelnen einerseits zu garantieren, andererseits, indem sie die Freiheit der anderen garantiert, diese wiederum einzuschränken.

2 *Claire* möchte unter Umgehung einer gerichtlichen Revision die Wiedergutmachung des an ihr begangenen Unrechts; sie wählt den Weg der Selbstjustiz bzw. Rache (Medea-Motiv).
Die Güllener stellen sich selbst als gerecht dar, weil sie Ill für seinen Normverstoß und sein Unrecht bestrafen. Die Umwertung des Begriffs Gerechtigkeit und der der Argumentation zu Grunde liegenden Normen wird jedoch durch ihre Käuflichkeit in Frage gestellt.
Ill akzeptiert seine Strafe für begangenes Unrecht, Sühne für Schuld.

3 Die gesellschaftlichen Strukturen der Welt, hier Güllen, befinden sich in Unordnung: Claire ist geschwängert, betrogen und verstoßen worden. Indem sie nun Selbstjustiz als Gerechtigkeit ausgibt, ermöglicht sie es erst den Güllenern, ihr fehlerhaftes Verhalten weiter beizubehalten und es positiv darzustellen. Auch Ill ermöglicht es den Güllenern, ihr Fehlverhalten beizubehalten, weil seine Opferrolle das Ausmaß einer angemessenen Wiedergutmachung übersteigt. Claires Rache führt aus der Rechtsordnung heraus, aber auch aus der Definition von Gerechtigkeit als Balance zwischen der Garantie der Freiheit des Einzelnen und der Freiheit des jeweils anderen.

Ill als Märtyrer? – Religiöse Bezüge verstehen ▶ S. 22

1

Vergleichsaspekte	Gespräch zwischen Ill und dem Bürgermeister	Die Kreuzigung Jesu Christi
Haltung der anderen gegenüber den zu Tode Verurteilten	Die Güllener fordern Ills Tod; der Bürgermeister fordert Selbstmord.	Die Menschen behandeln Jesus wie einen Verbrecher, verhöhnen ihn und kreuzigen ihn.
innere Befindlichkeit der zu Tode Verurteilten angesichts des Todes	Ill hat den Tod als gerechte Strafe akzeptiert, will jedoch keinen Selbstmord begehen.	Jesus hat den Tod akzeptiert und zeigt keinerlei Angst, denn er weiß, dass ihn das Paradies erwartet.
Haltung der Verurteilten gegenüber den anderen	Ill hat sich zurückgezogen und will das Handeln der anderen nicht bewerten; er überlässt dies Gott.	Jesus betet und hofft für die Menschen, selbst für die, die nicht an ihn glauben. Mit seinem Tod erlöst er die Menschen.
Folge des Todes für die anderen	Die Güllener erhalten Geld.	Jesus erlöst die Menschen.
Fazit	Während Jesus als Märtyrer für die Erlösung der Menschen stirbt, bewirkt Ills Tod nur eine materielle Erlösung.	

2 Ill bekennt sich zu seiner Schuld und akzeptiert den Tod als Sühne dafür: Er habe „Klara zu dem gemacht, was sie ist […] Alles ist meine Tat, die Eunuchen, der Butler, der Sarg, die Milliarde." (S. 102 f.) Die Bereitschaft zur Veränderung seines Verhaltens wird durch den Druck der Güllener veranlasst. Indem er den Vorschlag des Bürgermeisters abwehrt und gleichzeitig verspricht, das Urteil der Güllener anzunehmen, werden sie nicht vom Bösen erlöst, sondern vielmehr ebenfalls schuldig. Ills Opfer führt lediglich zu materiellem Wohlstand, doch gerade diese Sehnsucht nach Wohlstand macht sie zu Mördern. Der moralische Verfall der Güllener Gesellschaft ist also nicht aufzuhalten.
Die Bezugnahme auf Jesus Christus weckt im Zuschauer zunächst die positive Erinnerung an den Leidensweg Christi und seinen Opfertod, doch man muss letztlich erkennen, dass Ills Tod im Unterschied zu dem Tod Jesu Christi nicht zur Erlösung führt. Vielmehr haben die christlichen Werte ausgedient.

„Uns kommt nur noch die Komödie bei" – Die Gattungsfrage klären ▶ S. 23 f.

1 *Komische Elemente:*
- Inschrift des Malers „Willkommen Kläri" (S. 13), die einfach auf der Rückseite in „Willkommen Claire Zachanassian" verändert wird und der Kommentar des Malers, Vorder- und Hinterseite, die je nachdem, ob sie gerührt ist, ihr zugedreht wird. Erwartung: ein neues Transparent. Schließlich ist die Aufschrift nicht einmal vollständig.
- Der singende Chor, dem ein neuer Zug von links in die Quere kommt, sodass von dem Gesang letztlich nichts zu verstehen ist. Plötzliche unerwartete Wendung: der Zug, der die Darbietung unterbricht.
- Die vier Bürger, die als Requisiten auftreten, als Bäume und Rehe. Dies ist unerwartet, weil Personen normalerweise nicht als Requisiten auftreten.

Happyend	Tragisches Ende
Veränderung des Bühnenraums: „Die einst graue Welt hat sich in etwas technisch Blitzblankes, in Reichtum verwandelt." (S. 131)	Vorangegangener Mord an Ill
Hinweis auf „Welt-Happy-End" (S. 132)	Anspielung auf den Chor der antiken Tragödie: „zwei Chöre bildend, denen der griechischen Tragödien angenähert" (S. 132)
positive Darstellung des neu erworbenen Reichtums und Lebensstandards durch den Chor	Hinweis auf Deutung des Schlusses: „Standortsbestimmung, als gäbe ein havariertes Schiff […] die letzten Signale" (S. 132)
	Abgang von Claire Zachanassian als „altes Götzenbild aus Stein" mit dem „Sarg" (S. 134)

2

1. Akt		2. Akt		3. Akt
• Güllen ist verarmt. • Die Milliardärin Claire Zachanassian kommt und wird als Retterin empfangen. • Ill ist beliebt. • Claires Angebot • Die Güllener verhalten sich abwartend.	• Jagd auf den Panther • Ill fühlt sich verfolgt und sucht Hilfe bei dem Polizisten, dem Bürgermeister, dem Pfarrer. • Gespräch mit Claire	• Konsum nimmt zu. • Ill wird isoliert. • Szene am Bahnhof: Ill erkennt, dass er verloren ist.	• Ill sieht seine Schuld ein. • Scheitern der christlichen Religion (Pfarrer), der humanistischen Werte (Lehrer), der demokratischen Werte (Bürgermeister)	• Ills Ermordung • Die Güllener werden zu Mördern. • Der Scheck wird überreicht („Welt-Happy-End").
Exposition	Spannungssteigerung	Höhe- und Wendepunkt	fallende Handlung	Katastrophe

„Ungeheuer ist viel. Doch nichts / ungeheurer, als der Mensch", so beginnt bei Sophokles das Chorlied, in dem die Bürger die Einhaltung der Gesetze fordern, nachdem die Heldin zu Tode verurteilt wird, weil sie die Forderungen ihres Gewissens über den Gehorsam gegenüber dem König gestellt hat. Auch in Dürrenmatts Stück sprechen die Bürger das Lied, das Assoziationen an das klassische Vorbild weckt, doch sie kommentieren das Geschehen nicht distanziert, sondern besingen vielmehr ihren neuen Wohlstand. Damit dient das Lied aus „Antigone" als Kontrastfolie, vor der die Verblendung der Güllener besonders deutlich wird, die wegen des Geldes Ill ermordet haben und damit keinerlei Einsicht zeigen. Die Anspielung auf die griechische Tragödie hat hier eine parodistische Funktion und zeigt die Selbsttäuschung der Güllener.

3

Zwei Voraussetzungen der Tragödie sind nicht mehr gegeben:
- individuelle Verantwortung und Schuld (Z. 1–8)
- einheitliche Wertvorstellungen, Gemeinschaft des Publikums (Z. 25)

Welt/Weltbild:
- sinn- und hoffnungslos, vom Begriff des Paradoxen geprägt: Atombombe garantiert den Frieden der Welt (Z. 17, 21 f.)
- Antwort auf die Welt: Verzweiflung (Widerspruch) oder mutiges Dagegenhalten (Z. 18 ff.)

Komödie:
- einzig adäquate Möglichkeit, dieses Weltbild zu vermitteln (Z. 12)
- Verzicht auf Belehrung und verbindliche Botschaften (Z. 1–12)
- das Tragische als Ergebnis der Komödie mit Hilfe des Mittels des Grotesken (Z. 9–16)

Wirkung auf das Publikum:
- Komödie als Möglichkeit/Trick, das Publikum mit Themen zu konfrontieren, die es sich sonst nicht ansehen würde

Koby und Loby – Kommunikation analysieren und reflektieren ▶ S. 25

1 *Auffälligkeiten in Bezug auf die Kommunikation:* beide sprechen nur zusammen, durchgehende Verdoppelung der Sätze oder Satzteile, einfache Satzreihen, kindlich-naive Antworten

Stellen, die auf die Vorgeschichte deuten. / So wirken die Aussagen der Blinden, wenn man ihre Vorgeschichte kennt: Die beiden sagen mit ihrem Hinweis auf die alte Dame, dass sie deren Gefangene sind. Die Namen drücken aus, dass die beiden eine neue Identität erhalten haben, zugleich wird hier die Zugehörigkeit zu Claire dokumentiert. Der Ausruf „Männer, er hält uns für Männer!" verweist darauf, dass sie kastriert wurden.

Regieanweisung: Beide sprechen „mit leiser Stimme" und halten sich an der Hand bzw. werden vom Polizisten an der Hand genommen. Begründet durch ihre Blindheit wirken beide wie abhängige Kinder.

Mögliche Regieanweisungen: nicken beide mit dem Kopf. Alle Polizisten haben den gleichen Tonfall. *Beide schütteln ihre Köpfe.* Werden's schon merken, werden's schon merken! *Sie hüpfen an der Hand des Polizisten in die Stadt:* Zu Boby und Moby, zu Roby und Toby.

Fazit: So wie ihnen wesentliche Bestandteile ihrer Persönlichkeit genommen worden sind (Namen, Kastration, Augenlicht), so zeigt auch die sprachliche Form ihrer Antworten (einfache Hauptsätze, Wiederholung) den Verlust von Individualität.

Schwarz und Gelb – Symbole deuten ▶ S. 26

1 *Der konkrete Gegenstand Auto* dient dazu, anderen der Gesellschaft zu zeigen, über wie viel Geld bzw. Wohlstand und Bewegungsfreiheit die Familie verfügt (abstrakter Zusammenhang).

Weitere Gegenstände, die den Wohlstand symbolisieren: Pelzmantel, neue Schuhe, Schokolade, Whisky.

2 Die Farben Gelb und Gold stehen für die Erneuerung der Stadt Güllen, die bisher vorherrschend grau dargestellt wurde.

3 Alle vier Stellen sind entweder durch die direkt vom Gegenstand ausgelöste Konnotation (Sarg, schwarze Kleidung als Ausdruck der Trauer um einen toten Menschen) oder durch den Kontext der Stelle (der schwarze Panther wird zu Tode gejagt, die Tochter ist bereits mit einem Jahr gestorben, die alte Dame bringt Ill den Tod) mit den Bereichen Tod und Trauer verbunden. Claires Lebensgeschichte ist bestimmt durch den Tod der Tochter, sie selbst ist in ihrer Rache aber auch diejenige, die den Tod bringt.

Das Groteske – Den Stil untersuchen ▶ S. 27

1 *Mögliche Stichworte:* seltsam verzerrte Darstellung von Strichmännchen, verzerrt bzw. überzeichnet gegenüber Wirklichkeit, indem z. B. ein überdimensionierter Kopf direkt mit Extremitäten verbunden ist, überzeichneter Haar- und Bartwuchs, Assoziation an Kobolde und andere Märchenfiguren, überzeichnete Darstellung des Schriftstellers am Marterpfahl, der Schreibwerkzeuge und ihn umgebenden Kritiker (Kobolde).

2 Der Begriff grotesk bezeichnet eine verzerrte, ins Lachhafte überzogene Darstellung von Figuren, die gegen Logik und Kategorien der logischen Abfolge dargestellte Handlung eines Dramas. Unlogisches, Sonderbares und Fantastisches wird wichtig, kann auch widersprüchlich sein. Die Handlung wird verfremdet, dies geschieht auch auf der Ebene des Bühnenbildes (bei Dürrenmatt: Darstellung von Requisiten durch Figuren).

3 *In Bezug auf die folgenden Aspekte erscheint Claire Zachanassian grotesk:*
- Aussehen: überzogen, fast lächerlich wirken die Bestandteile ihres Aussehens, der fette (S. 26) und doch graziöse Körper (S. 22), mit Schmuck überladen (S. 21 f.), die Prothese.
- Verhalten: Sie zieht die Handbremse, um in Güllen außerfahrplanmäßig Halt zu erzwingen. Sie entspricht nicht konventionell erwarteten Gesprächsregeln. So antwortet sie auf Ills Versuch, auf vergangene Nähe einzugehen, mit der Bemerkung „Du bist fett geworden. Und grau und versoffen." (S. 26)
- Requisiten und bühnentechnische Mittel: nicht vollendete Inschrift, der Glockenton
- Handlung: der Chor, der gleichzeitig mit dem Rattern des Zuges singt, das Fernglas, durch das Claire die öffentliche Toilette beobachtet und dabei kommentiert „Nun will ich mich in Güllen umschauen." (S. 27)

Weitere groteske Momente:
Claires wiederholte Andeutung des Todesfalls; Toby und Roby, Koby und Loby

4   Das Paradoxe und Groteske entspricht der Welterfahrung des Menschen in der Zeit nach dem Zweiten Weltkrieg. Sie entsteht aus dem Grundwiderspruch des Kalten Krieges, der Frieden nur dadurch zu erhalten vorgibt, dass permanent mit der absoluten Vernichtung des Gegners gedroht wird. Analog ist in der Kunst und Literatur das Groteske und Paradoxe fester Bestandteil. Komische und groteske dramatische Mittel schaffen Distanz zum Zuschauer und bewirken seine Desillusionierung.

Güllen ist Düsseldorf – Eine Inszenierung diskutieren   ▶ S. 28 f.

1

Aspekte der Inszenierung	Schauspielhaus Düsseldorf
Bühnenbild, Musik, Ton	• Altbierlied der „Toten Hosen", Integration des Publikums, dirigiert vom Bürgermeister – im Originaltext: Chor des Lehrers mit schlichtem Volkslied • zentrales Bühnenbild/Hauptbühne: schwarzes Bühnenbild, mit luxuriöser Motorjacht
Kostüme, Maske, Frisuren	• Maler jetzt als Künstler und intellektueller Akademieprofessor mit Stock, ganz in Schwarz; Figuren grell überzeichnet mit aberwitzigen Perücken und Kostümen • Originaltext: Kleidung zunächst schäbig, dann den Konsum und Wohlstand symbolisierend (Pelzmantel von Frau III, das Abendkleid der Tochter, die Bekleidung der Güllener beim Schlusschor)
Figuren	• Reduktion auf zehn Figuren; als eine der zentralen Figuren fehlt der Pfarrer, der die Institution der Religion verkörpert • durchgängig aktualisierte Figuren: Bürgermeister mit Allmachtsfantasien, später als Schwarzenegger-Muskelmann; Journalist und Medienmanager entsprechen im Original Pressemann und Radioreporter, die friedensbewegte Lehrerin (Deutsch und Religion) steht für den Lehrer, den Altphilologen (Vertreter des Humanismus)
Ort	Welt- und Modestadt Düsseldorf
Deutung des Textes	Satire: Gerechtigkeit ist käuflich, Moral nur eine Frage des Preises, d. h. Reduzierung der vielen Deutungsmöglichkeiten des Originals (z. B. auch Liebesgeschichte, Gesellschaft und Individuum, Religion, Institution der Religion)

Einige mögliche Beurteilungskriterien für die Inszenierung: Werk- und Texttreue, Innovation, Stimmigkeit des Regiekonzepts in sich, Bereitstellung von eigenen weiteren Interpretationsspielräumen für die Theaterbesucher, Überzeugungskraft und Gesamtwirkung der Produktion.
Gegen die Vorwürfe, dass ein Regietheater die Intention des Autors oder wesentliche Themen des Werks ignoriert und u. U. ein ganz anderes Stück oder die Selbstdarstellung des Regisseurs stattfindet, bleibt die Notwendigkeit, dass jede Neuinszenierung im aktuellen Kontext einer konkreten Bühne und eines verfügbaren Ensembles ein geeignetes Regiekonzept und eine bestimmte Interpretation erfordert. Aktualisierte Fassungen versuchen in der Regel die zeitlosen Kerne des Dramas deutlicher sichtbar und verständlich (Sprache, Zeitbezüge) werden zu lassen als das Original.

2

für die Inszenierung spricht	gegen die Inszenierung spricht
• Figuren verändert zu Klischeefiguren der Gegenwartsgesellschaft, dadurch Gesellschaftskritik • fehlende Figur des Pfarrers gut in der veränderten Figur der (Religions-)Lehrerin aufgefangen • aktuelle Bezüge (Islam, RAF) • Einbeziehung des Publikums • wesentliche Themen des Stückes auf heutige Erfahrung ausgerichtet	• unpassende, dem fäkalerotischen Bereich entnommene Wortwahl • aktuelle Bezüge als Vorurteil gegenüber Islam • Veränderung der Dialoge als Verlust gegenüber dem Original • brutale Schaueffekte, z. T. nicht funktional begründet

Einerseits hält man Dürrenmatts Stück für gelungen aktualisiert, andererseits heißt es, der Aktualisierungsversuch werde dem Stück nicht gerecht und sei als Theaterexperiment misslungen.
Wenig überzeugende Beiträge: Beitrag 2 nimmt gar keinen Bezug auf das Thema, es fehlt die Auseinandersetzung mit der Inszenierung. Beitrag 3 bezieht sich zwar auf das Thema, bleibt aber lediglich bei der Meinungsäußerung und Bewertung.
Beispiele für die mündliche Sprachform: Beitrag 1: Ausruf „oje", Verkürzung zu „reinfühlen". Beitrag 5: „dass paar Figuren fehlen" (fehlender Artikel), „ja"

3 *Beispiele für Inhaltsbeschreibungen:* „Nur so kann das unmoralische Angebot der zurückgekehrten Millionärin Claire Zachanassian […] in der Stadt fruchten: Sie will sich Gerechtigkeit kaufen und bietet eine Milliarde Euro für denjenigen, der ihren früheren Geliebten Alfred Ill […] umbringt." (Z. 17–23) „Denn Gerechtigkeit ist sehr wohl käuflich, so lautet schon die Botschaft bei Dürrenmatt." (Z. 42 f.)
Beispiele für Wertungen: „bissig-bittere und manchmal ganz schön alberne Satire" (Z. 24 f.); „seinen Tod inszeniert Lösch drastisch" (Z. 53)
Argumentierende Passagen: „Als bissig-bittere und manchmal ganz schön alberne Satire legt der Regisseur das Stück an. Mit zehn Schauspielern schafft er unterschiedliche Typen, die alle […] im Kern das wahre Leben mitten ins käufliche Herz treffen." (Z. 24–29) „Träume sind bezahlbar, wenn es um Jugend und Schönheit geht. Dank Schönheits-OP feiert sich die verjüngte Gesellschaft nun selbst." (Z. 45–48)
Funktion: Rezensionen wollen die Leser über ein Stück o. Ä. informieren und mit Bewertungen Orientierung ermöglichen. Da sie in Zeitungen erscheinen, werden sie sorgfältig formuliert. Chatbeiträge haben privaten, gesprächsartigen Charakter, sodass die Sprache Merkmale der gesprochenen Sprache aufweist.

Die Verfilmung – Eine Szene mit filmischen Mitteln ausgestalten ▶ S. 30

1

Einstellung	Entsprechende Textstelle	Vergleich mit dem Original
Bild 1	• „Inschrift: Güllen" (S. 13) • „Bahnhofsgebäude verwahrlost (S. 13) • „heiße Herbstsonne" (S. 13) • „verrostetes Stellwerk (S. 13) • „Donnern des nahenden Zuges" (S. 21) • „gemischter Chor und die Jugendgruppe" (S. 27)	• ärmlich wirkender Bahnhof • Schienen mit Gras, offenbar stillgelegt • Hubschrauber statt ankommender Zug • Empfangskomitee, altmodisch gekleidet
Bild 2	• „Claire Zachanassian, […] aufgedonnert, […] eine Dame von Welt" […], trotz allem Grotesken. Hinter ihr das Gefolge, der Butler Boby, etwa achtzig, mit schwarzer Brille, ihr Gatte VII" (S. 22) • besitzt einen Panther (S. 66)	• Claire elegant gekleidet mit ihrem Gefolge, Butler jünger als im Original angegeben • an der Leine ein Rottweiler

Wirkung der Filmeinstellungen: Die im Stück gezeigten Kontraste arm – reich und Weltgewandtheit – Hinterwäldlertum werden deutlich. Claire wirkt in der Darstellung (Kleidung, begleitet von einem Hund statt Panther) realistischer als im Stück, in dem sie als groteske Erscheinung beschrieben wird. Die Bilder zeigen die Gegenwart (Kleidung der alten Dame, Hubschrauber), das Stück spielt Mitte des 20. Jahrhunderts.

2 Der Bezug zum Inhalt der beiden Bilder sowie zum Ausgangstext muss erkennbar sein: Ort der Rede ist nicht mehr der Laden Ills, Anlass der Rede nicht mehr die Absicht vor der Presse, dieser die Wahrheit über Güllen und die Tat Ills zu verkünden. Unwahrscheinlich bleibt hier die Begegnung mit der Presse selbst, die Möglichkeit, direkt mit mehreren Güllenern Kontakt aufzunehmen, bleibt erhalten. Sohn, Frau und Tochter sind hier als Personen, die vom Lehrer direkt angesprochen werden, nicht zu erkennen. Beherrschende Leitmotive seiner Rede müssen sein: die Menschlichkeit, die Ablehnung des Angebots von Claire Zachanassian und die Verteidigung Ills. Nicht enthalten sein dürfen alle direkten Anklagen gegenüber den Familienmitgliedern. Im Film ist der Lehrer pensionierter ehemaliger Direktor des Gymnasiums. Diese Information kann durch die Lehrkraft gegeben werden.

Klausurvorschlag 1: Dramenszenen beschreiben und deuten ▶ S. 31

1 Während alle anderen zwei Presseleuten das Ende der Beziehung von Ill und Claire als Verzicht Claires und die Heirat mit seiner jetzigen Frau als Liebesheirat darstellen, versucht der Lehrer, ihnen aus schlechtem Gewissen die Wahrheit zu vermitteln. Ill akzeptiert seinen Tod als gerechte Strafe für seine Schuld an Claires Lebensweg. Der Lehrer weist darauf hin, dass Ills Ermordung sicher sei und auch er selbst trotz seiner Ideale zum Mörder werde. Ill sagt zu, den Urteilsspruch auf der Gemeindeversammlung, bei der die Presse anwesend sein wird, anzunehmen. Die Gerichtsverhandlung wird nach außen als Zustimmung zu einer Stiftung der Milliardärin dargestellt werden. Es wird die Frage behandelt, ob Claire Zachanassians großzügige Schenkung und ihre damit verbundene Bedingung angenommen werden sollen, damit Sühne für vergangenes Unrecht geleistet wird und die Gerechtigkeit in Güllen wiederhergestellt werden soll. Die entscheidende Rede hält der Lehrer.

2 Wesentlich ist, dass der Monolog des Lehrers als Rede erkannt wird und die Gliederung für die Text-wiedergabe und -deutung sowie für die Analyse der rhetorisch-stilistischen Mittel genutzt wird. Deutlich herausgearbeitet werden muss die doppelte Sprechabsicht des Redners, gerichtet an die Öffentlichkeit und die Gemeinde. Auf der einen Seite soll über die Schenkung abgestimmt werden. Auf der anderen wird über den Tod Ills abgestimmt. In der Einleitung seiner Rede benennt er das Thema (Wiederherstellung von Gerechtigkeit als Ziel von Frau Zachanassian), weist darauf hin, dass die Gemeinde Ungerechtigkeit geduldet habe. Im Hauptteil gibt der Lehrer vor, mögliche Gegenargumente zurückweisen zu müssen. Christliche und antike Wertvorstellungen dienen dazu, materialistische Haltungen zu verurteilen. Der Appell bleibt doppeldeutig: Gerechtigkeit bedeutet hier konkret, den Tod Ills als Voraussetzung für Claires Angebot unter diesem Etikett zu akzeptieren. Er ist jedoch so allgemein gehalten, dass die Reporter das nicht erkennen können. Die sprachliche Analyse sollte auf Folgendes hinweisen: rhetorische Fragen, Anaphern, Anreden, Ausrufe, Wiederholungen, Parallelismen und Alliterationen charakterisieren allgemein die Figur des Redners, dienen auch als Mittel der Überredung. Das Wortfeld Religion und Menschen-rechte verschwimmt mit Begriffen aus der Wirtschaft.

3 Die Diskussion sollte reduziert werden auf den Begriff der Gerechtigkeit, der für die Güllener Gültigkeit besitzt: vgl. die Antwort des Bürgermeisters aus dem ersten Akt („Die Gerechtigkeit kann man doch nicht kaufen") sowie die Auffassung am Schluss, dass Gerechtigkeit durch den Mord an Ill wiederhergestellt werden könne. Durch die moralische Distanzierung von Ill bleibt das geltende Wertsystem weiterhin intakt.

Klausurvorschlag 2: Texte in Beziehung setzen S. 32

1 Im Verlauf erkennt Ill, dass die Güllener immer mehr Schulden machen, die sie nur bezahlen können, wenn sie auf das Angebot der alten Dame eingehen. Er wehrt sich zunächst und versucht erfolglos, Hilfe zu erhalten. Er sieht schließlich keinen anderen Ausweg mehr, als die Stadt zu verlassen, und begibt sich zum Bahnhof. Die Güllener begleiten ihn. Er betrachtet das als Bedrohung und weiß genau, dass der Konsum und scheinbarer Reichtum seine Ermordung voraussetzen.

2 Es gilt, den Widerspruch zwischen Sprechen und Handeln der Güllener herauszuarbeiten, der sich von Anfang an gezeigt hat und beim Gemeindegericht des dritten Akts am deutlichsten zu erkennen ist. So wünschen die Güllener eine gute Reise und behaupten, Platz machen zu wollen, weichen aber tatsächlich nicht zur Seite. Die Reaktionen Ills steigern sich: Zunächst starrt er nur bewegungslos auf die anderen und stellt nur „leise" die Frage nach dem Grund für die Anwesenheit und für das Verhalten seiner Mitbürger. Dann geht er dazu über, sich zu wehren. Demgegenüber vermitteln die Güllener Geschlossenheit und ver-hindern seine Abfahrt. Der Lehrer benennt den Sachverhalt: Weil Ill den wachsenden Konsum auf Kredit beobachtet und den Preis dafür kennt, fürchtet er, dass die Güllener ihn im letzten Moment zurückhalten oder töten könnten. Er wagt den Schritt nicht und bricht zusammen.
Die sprachliche Analyse sollte v. a. das Gesprächsverhalten und die Sprache der Güllener in den Mittel-punkt stellen. Im Widerspruch zwischen Haupttext und Regieanweisung ist der Widerspruch zwischen Sprechen und Handeln zu erkennen. Auffällig sind das gleichzeitige Sprechen in einfachsten Haupt- oder Nominalsätzen und die Wiederholungen in einer Art Echo auf das, was der Bürgermeister vorgibt. Das Gesprächsverhalten und die Sprache zeigen, dass die Güllener abhängig von Claire sind. Ihre Fremd-bestimmung zeigt sich in der mustergültigen Umsetzung von Claires Plan: Der Massenszene am Ende des ersten Akts, in dem der Bürgermeister sich noch weigert, auf das Angebot einzugehen, folgt hier das Spiegelbild zur Mordszene am Ende des dritten Akts. Ein anderer Aspekt der Interpretation könnte Ill als Opfer in der Rolle eines zweiten Christus sein.

3 Naheliegend ist es, die Parabel als Lebenslauf zu verallgemeinern: Die Welt ist zuerst ohne Orientierungs-marken, Norm- und Moralbezüge. Im Verlauf des Lebens erkennt die Maus bedrohlich wirkende Mauern. Dies sind subjektive Wahrnehmungen. Am Ende steht die Ursache für die Katastrophe: das Laufen. Das Angebot der Katze stellt keine Alternative dar. Eine Lösung bietet lediglich der Tod. Vielleicht wäre es eine Lösung zu beharren. Dem stehen allerdings die Angst erregenden Erfahrungen der Außenwelt gegenüber. Die Katastrophe für die Maus erscheint damit unvermeidlich. Parallelen ergeben sich durch die Situation der Flucht und die Unvermeidlichkeit der Katastrophe. Die Katastrophe in „Besuch der alten Dame" ist be-gründet durch das Vergehen Ills, das moralisch fragwürdige Verhalten der Güllener und das Angebot der alten Dame. Ill selbst glaubt, Güllen nicht verlassen zu können, weil er die Mauern des Kollektivs fürchtet. Ebenso liegt die Ursache für die Katastrophe in Kafkas „Kleiner Fabel" im Verhalten, der Rolle und in der Wirklichkeitswahrnehmung der Maus. Ein Entkommen scheint nicht möglich.